万园之园 图说圆明园

刘阳 著

湖南人民出版社·长沙

图书在版编目（CIP）数据

万园之园 ：图说圆明园/ 刘阳著. —长沙：湖南人民出版社，2023.12

ISBN 978-7-5561-3248-5

Ⅰ . ①万… Ⅱ . ①刘… Ⅲ. ①圆明园—古建筑—建筑艺术 Ⅳ. ①G928.71

中国版本图书馆CIP数据核字（2023）第082728号

万园之园：图说圆明园

WAN YUAN ZHI YUAN：TUSHUO YUANMING YUAN

著　　者：刘　阳

出版统筹：陈　实

监　　制：傅钦伟

产品经理：田　野　李怡青

责任编辑：田　野

责任校对：丁　文

特约策划：王思桐

装帧设计：陶迎紫

出版发行：湖南人民出版社［ http://www.hnppp.com ］

地　　址：长沙市营盘东路3号　　邮　编：410005　　电　话：0731-82683313

印　　刷：深圳市彩之美实业有限公司

版　　次：2023年12月第1版　　　　　　　　印　　次：2023年12月第1次印刷

开　　本：889 mm×1194 mm　　　　　　　　字　　数：420千字

书　　号：ISBN 978-7-5561-3248-5

定　　价：358.00元

营销电话：0731-82221529（如发现印装质量问题请与出版社调换）

目录

杏花春館

由山亭邐迤而入矮屋疎籬
東西粲錯環植文杏春深花
叢爛然如霞前闢小圃雜蒔
蔬旅識野田村落氣象
霏香紅雪韻空庭宵讓寒梅占
勝辮家愛花光傳藝菀每乘月
令驗農經為梁谩説仙人館載
酒偏宜小隱亭夜半一犁春雨
足朝來吟屐樹邊停

正大光明

園南出入賢良門內為正衙不雕不
繪得松軒茅殿意屋後峭石壁立
玉筍嶙峋前庭虛敞四望牆外林木
陰湛花時霏紅疊紫層映無際
勝地同靈囿遺規總暢春當年成不日奕
代永居辰義府庭羅璧恩波水瀉銀草
青思示儉山靜體依仁只可方衢室何湏
道玉津經營戀峻宇出入引賢臣 出入賢
良門匾
額 皇考 洞達心常豁清涼境絕塵常移
御筆也
雲館嶂未費地官緒生意榮芳樹天機躍
錦鱗宵堂彌厪念俯仰惕心頻

瀟溪樂處

苑中齒薔甚多此處特盛小
殿數楹流水周環於其下每
月涼暑夕風爽秋初淨綠紛
紅動香不已想西湖十里野
水薈茫無此端巖清麗也左
右前後皆君子洵可永日
水軒俯澄泓天光涵數頃爛熳
六月春搖曳玻瓈影香風湖面
来爽夏方秋泠呀披瀟溪書樂
霱惟自省君子斯我師何湏於
玉井

圆明三园总说

圆明园位于北京西北郊海淀镇以北，总占地面积约350公顷，由圆明园、长春园、绮春园三座园林组成，总称圆明园，是中国历史上建造规模最大，内部装潢最精的皇家园林。从康熙四十六年（1707）康熙赐园胤禛算起，到咸丰十年（1860）被英法联军劫掠焚毁为止，历经康熙、雍正、乾隆、嘉庆、道光、咸丰六代帝王前后150余年的经营，从雍正皇帝以后，圆明园就开始扮演着北京第二个政治中心的角色了，不仅供给帝王的生活设施俱全，中央各部院在圆明园外围也都设有直属机构，至此这几代皇帝每年都会有相当长的时间居住在圆明园中，在这里处理政务，避暑游赏，消磨时光。道光时期，国势日衰，财力不支，皇帝裁撤三山陈设，废山庄，罢秋狝，但是对圆明园的经营却一直没有放弃，仍然继续改建修造，这座皇家园林依然发挥着她不可替代的统治功效。可以毫不夸张地说：一座圆明园，半部清代史。

　　圆明园的兴建有其复杂的历史背景与多样的原因。清王朝的满族统治者，崛起于白山黑水之间，当他们问鼎中原，坐镇北京统治全国的时候，发现很难适应北京皇宫盛夏的酷暑，再加之其游牧善射的民族习惯，寻求一方安逸凉爽、富于山野气息的舒适水土来兴建园囿，以代皇宫，便成了清初统治者共同的追求。北京西北郊一带，自古以来就是沼泽棋布，池水丰美的天然湿地，自古就有"海淀"的称谓，再配之西山地区巍峨险峻的山地环境，距离京城不远的路程，这些就构成了建立皇家园林的有利条件。圆明园并不是北京西北郊第一座皇家园林，康熙十九年（1680），康熙皇帝在北京西郊动工兴建了两座皇家园林，分别是玉泉山澄心园（静明园前身）和畅春园，开创了北京西郊兴建皇家园林的先河，之后在康熙、雍正、乾隆盛世三代帝王 130 余年的统治时间内，在北京西北郊总共建造了包括三山（香山静宜园、玉泉山静明园、万寿山清漪园）五园（圆明园、长春园、绮春园、春熙院、熙春园）在内的大小十几座皇家园林，再加之周围王公大臣的各个属园，它们共同构成了北京西北郊蔚为壮观的园林风景群，这是世界园林建筑史上的奇迹。在这个奇迹中，圆明园占据了最为重要的地位，是西北郊各个皇家园林的中枢，扮演着万园之园的角色。

圆明园最初是康熙皇帝第四子胤禛（后来的雍正皇帝）的属园，有记载显示在康熙四十六年（1707）就已经初具规模。当年的十一月十一日康熙皇帝亲临圆明园进宴，之后他又先后五次到这里游赏，其中康熙六十一年（1722）的三月二十五日那天，康熙皇帝在圆明园牡丹台第一次见到了自己的爱孙弘历（后来的乾隆皇帝），老年皇帝对小弘历垂爱异常，养育于宫中。此时，康熙、雍正、乾隆盛世三代帝王在圆明园中齐聚一堂，被后世传为千古佳话。雍正皇帝 1723 年即位以后，开始了大规模扩建圆明园的工程。十三年间，在这里先后兴建了用以"避喧听政"的前朝区，以福海为中心的湖区风景群，著名的圆明园四十景中至少有三十三处业已成型。圆明园在雍正皇帝在位时期被正式赋予了日常理政的功能。乾隆皇帝于 1736 年登基，即位伊始便沿袭前朝，对圆明园进行了大规模的扩建，倾全国之力以资建造，将这座皇家园林推向艺术的顶峰。乾隆时期对圆明园的营建主要集中在中前期，这一时期在雍正时已经形成的园林的基础上进行了更高层次的修补与增建，到乾隆九年（1744）全园主体工程告竣，最终形成了"圆明园四十景"。它们包括：正大光明、勤政亲贤、九州清晏、镂月开云（牡丹台）、天然图画（竹子院）、碧桐书院（梧桐院）、慈云普护、上下天光、杏花春馆（菜圃）、坦坦荡荡（金鱼池）、茹古涵今、长春仙馆（莲花馆）、万方安和（万字房）、武陵春色（桃花坞）、山高水长（引见楼）、月地云居（清净地）、鸿慈永祜（安佑宫）、汇芳书院、日天琳宇（佛楼）、澹泊宁静（田字房）、映水兰香（多稼轩）、水木明瑟（耕织轩）、濂溪乐处、多稼如云（芰荷香）、鱼跃鸢飞、北远山村、西峰秀色、四宜书屋、方壶胜境、澡身浴德、平湖秋月、蓬岛瑶台（蓬莱洲）、接秀山房、别有洞天（秀清村）、夹境鸣琴、涵虚朗鉴、廓然大公（双鹤斋）、坐石临流（流杯亭）、曲苑风荷、洞天深处。继四十景之后，乾隆皇帝又在圆明园内做了多次的局部改建与添新，改建部分主要有别有洞天、廓然大公、杏花春馆、澡身浴德等。新建了藻园、汇万总春之庙、若帆之阁、文源阁、紫碧山房等。值得一提的是，乾隆皇帝经过最初几次江南巡游后，命画师绘制图样，令工匠在圆明园中大加仿建，移植了大量江南风景名胜。除了四十景中提到的曲院风荷、平湖秋月以外，比较著名的仿建工程还有仿自浙江海宁的安澜园（四宜书屋），仿自绍兴兰亭的流杯亭（坐石临流），仿自杭州西湖的三潭印月、柳浪闻莺、断桥残雪、南屏晚钟、雷峰夕照（涵虚朗鉴）、花港观鱼等，甚至这些风景名胜的名称也一并移来。这里需要说明的是圆明园对江南胜景的仿建工程绝不是简单生硬的照搬，而是在意境上的模仿，在重塑幽雅意境的同时也使江南名胜在圆明园和周围的景物融为一体，达到艺术上的升华。这样，一时间，江南佳景尽收园中，南北奇观争相叠翠。这些来自江南水乡的著名景群不仅充实了圆明园的建筑内容，更丰富了这座皇家园林的文化内涵，正像清代词人所说的那样，"谁道江南风景佳，移天缩地在君怀！"1775 年前后，乾隆皇帝对圆明园的大规模修造基本结束，经过 50 余年的营建，整个园中悬挂匾额的建筑实体不下 600 座，万园之园的建筑盛誉由此奠定。

长春园紧邻圆明园的东部，是在康熙朝大学士明珠自怡园旧址上兴建起来的。其建筑年代稍晚于圆明园，工程开始于乾隆十年（1745）前后，乾隆十六年（1751）中式园林部分基本建成。到乾隆三十一年至三十七年（1766—1772）增建东部景区以后，悬挂匾额的实体建筑超过了 200 座。东西路主要景点包括：澹怀堂、含经堂、泽兰堂、玉玲珑馆、思永斋、海岳开襟、得全阁、法慧寺、宝相寺、转湘帆、映清斋、如园、鉴园、狮子林、茜园等等。除此之外，乾隆十二年至二十四年（1747—1759），在长春园最北部，东西分布的 100 余亩园区内还仿建了大小十余座具有欧洲风格的西洋建筑。这是中国建筑史上仿建西方建筑的第一次成功尝试，在建造的过程中也融入了中国风格的因素，比如细部的装饰以及屋顶的处理方法上均采用中式技法，喷泉景观中，用中国的动物生肖形象代之西方的裸体雕塑，模仿中西方的建筑美与东方的含蓄美相互交融，两种不同的建筑风格浑然天成，毫不矛盾。在西洋楼建筑群中，有富丽堂皇的皇帝寝宫，有观赏喷泉美景的皇帝宝座，有容妃（传说中的香妃）礼拜的场所，有富于变化复杂奇妙的迷宫，还有跑马游赏的转马台，形形色色的西洋建筑被大大小小的喷泉水法所包围，给人以一种置身于人间仙境的幻觉。直到今天，西洋楼景区遗址依然昭示着它的神秘与美丽，屹立在废墟中的大理石柱成了全世界人民心目中圆明园永恒的不朽象征。

绮春园，位于圆明园与长春园以南，紧靠两园园墙。早先为康熙十三子怡亲王允祥赐邸，园名交辉。乾隆年间改赐大学士傅恒，名春和园。乾隆和嘉公主之额驸福隆安（傅恒次子）赐园亦在此地。乾隆三十五年（1770）正式划归圆明园，由圆明园总管事务大臣统一管理。绮春园兴建之初其工程规模较之圆明园与长春园要小许多，乾隆皇帝并没有在该园居住过，对绮春园的大规模改扩建工程是在乾隆六十年（1795）开始，由嘉庆皇帝完成的。嘉庆四年（1799）和十六年（1811），该园的西部先后并进来两处赐园，一是成亲王永瑆的西爽村，一是庄敬和硕公主的含晖园，至此绮春园初具千亩规模，成为以皇帝侍奉皇太后为主要功能的重要园林之一。嘉庆一朝，先后在绮春园中增建了百余座园林建筑，比较著名的有绮春园三十景，嘉庆皇帝有"三十景诗"用以记载。到了嘉庆十九年（1814），园林景点共计二十余处，主要包括：中和堂、心镜轩、敷春堂、涵秋馆、凤麟洲、展诗应律、春泽斋、生冬室、庄严法界、天心水面、鉴碧亭、正觉寺、四宜书屋、喜雨山房、延寿寺、清夏斋、含辉楼、畅和堂、绿满轩、澄心堂、惠济祠等。悬挂匾额的实体建筑大概也有百余座。绮春园的最终建成，标志着百年皇家园林至此达到全盛。

从康熙到咸丰，一百五十余年里圆明园凝练了中华文明的精韵，在这凝练的过程中，我们不朽的园林文化又被赋予了皇家色彩。虽然夏宫失去了，但时至今日，圆明园依然引导着后人去研究她，保护她。如今化作废墟的园林遗址上依然鲜花郁郁，青草葱葱。

圆明园

圆明园始建于清康熙中期，起初是康熙皇帝爱新觉罗·玄烨赏给皇四子胤禛的一处花园，并御赐"圆明园"匾额。康熙四十六年（1707）已经初具规模。据《康熙实录》记载：康熙四十六年十一月十一日，康熙皇帝首次来园进宴，这也是对圆明园最早的文字记载。

　　圆明园最初占地不过 20 公顷，胤禛即位后，圆明园逐渐成为离宫型皇家园林。自雍正三年（1725）起，先是在原来的圆明园南部建起宫廷式的殿宇，并颁发诏书。此后，又向北、西、东三面大加扩充，成为面积达到 200 余公顷的大型宫苑。到乾隆九年（1744）最终形成著名的"圆明园四十景"。此后，于乾隆十年至十六年（1745—1751）基本建成长春园，乾隆三十五年（1770）又将傅恒父子的旧园并入，定名绮春园，连同圆明园在内形成了圆明三园。因为长春园和绮春园为圆明园的附园，所以将圆明园作为三园的总称。不过在这需要说明的是这个"圆明三园"是道光朝之后的叫法，而在乾隆朝圆明园、长春园、绮春园加上有路相通的熙春园和春熙院并列，统称"圆明五园"，同为圆明园总管事务大臣管理。"圆明园五园"总占地面积超过 450 公顷，五园宫墙长约 15 公里。直到嘉庆七年（1802）、道光二年（1822），嘉庆、道光二帝将春熙院和熙春园先后改赐固伦庄静公主和惇亲王绵恺。嘉、道二帝将春熙院和熙春园赐给宗亲其实也是为了更好更集中地对圆明园、长春园、绮春园大加修缮添建。从雍正三年（1725）雍正皇帝将圆明园升为离宫御苑，到咸丰十年（1860）圆明园历经雍正、乾隆、嘉庆、道光、咸丰五代皇帝 130 多年的苦心经营，终于建成了一座人间仙境，各种知名景点一百多处，其中不仅移植江南和北方众多名园胜景，还将西洋建筑很好地融入东方园林之中，乾隆皇帝称为"实天宝地灵之区，帝王豫游之地，无与逾此"。其盛名甚至传到了欧洲，并誉为"万园之园"和"东方凡尔赛宫"，法国大文豪雨果对圆明园曾有这样的评价："你只管去想象，那是一座令人心驰神往的，如同月光城堡一样的建筑。是一个令人叹为观止的无与伦比的杰作。"人们常说："希腊有帕特农神殿，埃及有金字塔，罗马有斗兽场，东方有夏宫（圆明园）。"

正大光明

正大光明位于圆明园正宫门内，为圆明园四十景之首，正大光明景区包括正大光明殿及大宫门区，建成于雍正三年（1725）。

正大光明景区范围包括圆明园宫门广场，南起宫门前大影壁，北至正大光明殿后的寿山，长 370 米，东西以如意门为界，宽 310 米，占地面积 10 万平方米，建筑面积 7000 平方米。

大宫门前为宫门广场，广场中央为一条倒丁字形石路，路宽 3.8 米，丁字路往西走可通清漪园、静明园及静宜园，往东则是通向京城西直门的条石辇道。皇帝每次从紫禁城或从畅春园来圆明园，基本上都是走这条条石辇道。条石辇道东西各有一人工湖，形状很像打开了的扇子面，俗称扇面湖，又因为地处圆明园大宫门前，亦称前湖。湖西半部为乾隆二十八年（1763）疏浚而成。同年刻昆仑石竖于扇面湖西岸，石碑上刻有乾隆御制《前湖》诗，诗曰："御园之前本无湖，而今疏浚胡称乎。石衢之右地下隰，迩年遭潦水占诸。衢左亦不大高衍，往来车马愁泥涂。因卑为泽事惟半，取右益左功倍俱。歉岁受雇兼代赈，三冬畚锸集众徒。役成春水有所受，路东汀去诚坦途。一举三得惠不费，对扬来者咸欢娱。盖闻王者无私事，有事皆应史笔书。此非缀景漫修剔，什用播告贤与愚。"

湖东半部及条石辇道为乾隆三十五年（1770）添建修成。过扇面湖即可看到一面大影壁，影壁长41.6米。影壁正北方为圆明园大宫门。

大宫门为五间，左右朝房各五间。东西朝房后另有曲尺形拐角朝房各34间，东建有宗人府、内阁、吏部、礼部、兵部、都察院、理藩院、翰林院、詹事府、国子监、銮仪卫及镶黄、正白、镶白、正蓝旗（东四旗）各衙门值房，东夹道还有银库，如意门外还建有南书房院和堂档房院；西建有户部、刑部、工部、钦天监、内务府、光禄寺、通政司、大理寺、鸿胪寺、太常寺、太仆寺、御书处、上驷院、武备院及正黄、正红、镶红、镶蓝旗（西四旗）各衙门值房，西夹道还建有造办处、药房。大宫门内西边建有茶膳房、番书房；东边建有清茶房、军机处。可以说清朝几乎所有国家机关在正大光明及大宫门内外都建有分部或值班所。

大宫门广场等级森严，任何人不得随便靠近、停留。乾隆朝著名的权臣和珅，在乾隆去世后3天便被嘉庆皇帝抓了起来，嘉庆皇帝亲自审问并谕旨宣布了和珅二十条罪状，条条都是死罪。其中第二条就是，"上年（1798年，笔者注）正月皇考（指乾隆）在圆明园召见和珅，竟骑马直进左门，过正大光明殿，至寿山口，无父无君，莫此为甚。"仅此一条就够处死的，由此可见大宫门区管理制度的严格。

圆明园大宫门前月台两隅各立有一对铜狮。不过这对铜狮并不是圆明园门前

八月初七日凯旋成功诸将士于正大光明殿即席喜

策勳饮至事尚矣钦惟我皇祖大师国威扬旗彰武成功

允宜德恤新诗特纪嘉平大师园苑观刑伏

誓肃军威清渠澡演扬伐明宣威恺

御笔巳妨新正用襄安全诸用襄忠勇永流芳

特纪新诗赏恤事业彰

最早的饰物，在雍正初年大宫门建成时，是一对石麒麟。到了乾隆六年（1741），乾隆皇帝觉得石麒麟不够气派，便命人铸成铜麒麟一对，而原石麒麟则被移置于园内西北角的安佑宫前。但这对铜麒麟在大宫门前只站了22年。到了乾隆二十八年（1763），乾隆有一天从承德避暑山庄回来，正要从大宫门进入圆明园，看到这对铜麒麟感觉有点别扭，不如刚去过的承德避暑山庄门前的铜狮子气派，便传旨铸一对铜狮子来替换这对铜麒麟，这对铜麒麟便被挪到长春园宫门前。新铸的这对镀金烧古大铜狮共用34378斤黄铜铸造而成，重达17吨。铜狮高243厘米，宽176厘米，长227厘米，铜狮底座高约80厘米。新铸的这对铜狮的确比原先的铜麒麟更为雄伟壮观。

过大宫门后为出入贤良门，又称二宫门。门上悬挂雍正御书"出入贤良"四字匾，东西设两罩门，为各衙门凌晨呈递奏折之处，俗称奏事门。

出入贤良门外，是来京外藩王公和使臣晋见清朝皇帝的地方，称为"瞻觐"。武官和侍卫经常在此被皇帝考其射箭技术，称为"较射"。

在乾、嘉时期，清朝皇帝在出入贤良门内面南而坐，出入贤良门前有石拱桥三座，射箭者站在桥北，面北向西射。但皇帝要想看其射姿和是否中靶心，就要左右摆头，到了道光十九年（1839），道光皇帝为免去左顾右看的麻烦，下令将拱桥改成平桥，将靶子设在桥南，射箭者站在桥北，面西向南射。但不巧的是，第二年（1840）就发生第一次鸦片战争，清军惨败，后来据风水先生说，清军之所以失利就是因为拆掉了3背（拱桥），造成"国武不振"所致。

出入贤良门后便是正大光明殿。正大光明殿是清朝皇帝在圆明园举行朝会及重大庆典的地方，类似于紫禁城内的太和殿，是圆明园内所有殿宇中等级最高的。正大光明殿长十二丈，宽八丈，面阔七间，单檐歇山卷棚顶结构，样子很像今天颐和园内的仁寿殿。用材是全部采伐自深山老林中的金丝楠木。殿内地上铺着苏州织造的毯子。殿正中是皇帝宝座，为紫檀木所制，做工精美，宝座上覆盖着黄色绣缎套子，铺着精美的绣花椅垫。宝座位于高台之上，下面有三级台阶，台四周环以红漆木栏杆，雕刻着玫瑰等花卉，精美富丽。宝座两边竖有高高的屏风，屏风上装饰着蓝翡翠和孔雀毛，雀羽上点缀着红宝石和碧玉。宝座正上方悬挂有雍正皇帝御书"正大光明"四字匾。木质天花板雕镂着深深的花纹，悬吊着晶莹剔透的西洋进贡的刻花玻璃灯具。窗户上糊着白色的高丽纸。在正大光明殿西墙上还悬挂有一幅圆明园全景大观图，大的几乎盖住整面墙。东墙则悬挂着乾隆御书《周书·无逸篇》。乾隆皇帝很欣赏这里的格局，称赞道："不雕不绘，得松轩茅殿意。"

正大光明殿既是朝会听政的地方同时又是举行重大庆典的地方。每年万寿宴（皇帝生日）、千秋宴（皇后生日）都要在这里举行。从乾隆朝起，每年清帝在圆明园必设"上元三宴"，即正月十四日宗亲宴，正月十五日外藩宴，正月十六日廷臣宴。其中外藩宴、廷臣宴都是在正大光明殿举行的。

清帝在正大光明殿一般只接见较为重要的外藩来使和外国使臣。像乾隆五十八年（1793）英国国王乔治三世派遣使团访华，英国特使马戛尔尼、副使斯当东等90人，接见于山庄澹泊敬诚，一行人7月15日抵京，皇帝已赴山庄，当时英国使团带来的英国国王所赠的天体运行仪、天球图、西瓜炮、四轮独辕车、西洋船模型等仪器也同时陈列在正大光明殿供乾隆观览后才移至他处。

正大光明殿不举行御考，主要是考翰林各官，另外还经常在此殿复试顺天府乡试考中的举人和乡试宗室考中的举人等。每次考试可以说是戒备森严，正大光明殿台阶下及出入贤良门台阶下各有20名挂刀侍卫负责警戒。另外在道光三十年（1850）道光皇帝逝于圆明园，其宫棺曾停于正大光明殿内。

正大光明殿后为寿山，寿山周围耸立有数根巨大的笋石，最高的一根笋石有5米多高。其数量之多，形态之美，为现今南北方园林所罕见。寿山虽名曰寿山，其实是用挖湖的土堆积而成。堆积寿山有三种意义：一是点缀景物，人为地将宫廷区

一
寿山遗址现状

与前湖游览区分开，皇帝要想欣赏前湖风景，就必须绕过寿山，在没有绕过寿山前并不知道山后有何景物，一过山口，眼前豁然开朗，给人一种"山穷水复疑无路，柳岸花明又一村"的感觉。二是风水，圆明园大宫门前有扇面湖，在正大光明殿后堆山可成"脚踩水，头枕山"的风水佳境。另外，寿山与圆明园东部的福海形成"寿山福海"，这也体现出封建帝王"福如东海，寿比南山"的传统理念。

整个正大光明景区，突出一条完整的中轴线，从宫门前的大影壁到正大光明殿前的月台，距离长达 300 米，四周建筑错落有致，气派庄严，显示出封建帝王至高无上，唯我独尊的威严与神圣。

咸丰十年（1860）英法联军攻占圆明园，正大光明殿曾一度作为联军司令部的所在地，在英法联军疯狂洗劫圆明园并放火烧毁圆明园其他建筑后，于 10 月 19 日下午 3 时，英法侵略者最终还是把仅存的正大光明殿连同周边诸殿一并焚毁。

1
2 | 3

1. 现存达园宾馆内的原大宫门《前湖》诗昆仑石碑
2. 乾隆御书《前湖》诗石碑
3.《前湖》诗昆仑石碑拓片

1. 考古挖掘出的出入贤良门前河道遗址
2. 圆明园大宫门遗址

　　正大光明殿及扇面湖遗址地基尚存，寿山依然保存完整，2015 年北京市文物研究所对大宫门、出入贤良门前石桥及河道等处进行了考古挖掘，挖掘出了原大宫门、东西厢房及河道遗址。原大宫门扇面湖前乾隆御书《前湖》诗昆仑石碑现保存在达园宾馆内，字迹依然清晰可见。

勤政亲贤

勤政亲贤，圆明园四十景之一，位于正大光明殿以东。南北长150米，东西宽170米，占地面积2.5万平方米。是清朝皇帝在圆明园期间处理日常政务的地方。勤政亲贤有别于正大光明殿，正大光明殿是举行国家重大典礼的场所，平时是不开的，而勤政亲贤则不然，皇帝几乎每天都要来这里处理朝政。

勤政亲贤景区有一组很庞大的建筑，密密麻麻的有上百间房屋，比较大一点的院落就有三组，主要殿宇有三座。

最核心的一座建筑叫勤政亲贤，也叫勤政殿，建成于雍正三年（1725），殿外檐悬挂雍正御书"勤政殿"匾，内额为"勤政亲贤"，清朝皇帝在圆明园召见文武大臣都是在此殿。虽然圆明园是园林，主要作用是皇帝休闲游览的地方，但清朝皇帝怕自己及日后子孙因为逛园子而不理朝政，就规定所有皇家苑囿都必须建有听政之所，而且多以"勤政殿"命名。像中南海勤政殿为康熙御题，圆明园勤政殿为雍正御题，清漪园、静宜园、静明园、承德避暑山庄勤政殿均为乾隆御题。嘉庆皇帝曾言"勤政则国兴，怠则国亡"以教育子孙时时不要忘记处理朝政。

勤政殿内设有皇帝的御座，御座后有一面巨大的屏风，屏风上刻有乾隆御书《无逸》，后楹东壁为梁诗正书乾隆御制《创业守成难易说》，西壁为于敏中书乾隆御制《为君难跋》，御座两旁设有书架和存放典籍的书柜。

乾隆六十年（1795）九月初三，乾隆在勤政殿召见皇子皇孙、王公大臣宣读乾隆三十八年（1773）立储密旨，立皇十五子颙琰为皇太子，即日起移居毓庆宫，以正储位。

勤政殿东还建有四进院落，最南建有大殿五间，内檐悬挂乾隆御书"怀清芬"匾。这里是乾隆皇帝进早膳的场所和办事、引见官员之所，乾隆二十一年（1756）乾隆皇帝在圆明园居住了157天，其中在怀清芬殿内进早膳66次。

1. 勤政亲贤细节
2. 勤政殿

乾隆五十五年（1790），乾隆八十大寿，总结自己在位五十多年的政绩，共打胜过十场重要战役，分别是二平大小金川、二平准噶尔、二平廓尔喀之乱、平定大小和卓之乱、平台湾林爽文乱、降缅甸、降安南，又依据《中庸》曰"故大德，必得其位，必得其禄，必得其名，必得其寿"之语，总结自己为"四得十全"。乾隆皇帝还将"四得"和"十全"组合在一起命人刻成"四得十全"宝玺，并将怀清芬改名为四得堂。其用意极为明显，就是要宣扬自己的功德，同时鞭策自己孜孜求治。这也是乾隆对自己辉煌一生的总结。

在炎热的夏天，清朝皇帝经常把办公和进膳的场所搬到勤政殿东面的芳碧丛，芳碧丛是一个南向五开间的敞厅，每到盛夏芳碧丛前院则搭盖有遮阳棚，皇帝就坐在芳碧丛敞厅中办公进膳。

在芳碧丛后，为一座面阔九间，前出三间抱厦的保合太和殿，殿内设有东西暖阁。殿内墙壁上悬挂有乾隆御书《圣训四箴》，春秋时季，皇帝喜欢在保合太和殿的东西暖阁内用膳或休息。

保合太和殿后面是富春楼，有一架螺旋形梯子通到楼上，楼上收有众多名贵字画、西洋雕刻、油画及各种西洋玩具。

与在故宫乾清门内有"御门听政"一样，在圆明园皇帝也有"御门听政"，不过在圆明园的"御门听政"则称为"御殿听政"，在勤政亲贤内举行，各部院官员依次奏事，主要商讨各部军国大事和题奏本章的处理。不过随着清朝奏折制度的不断改革和完善，"御殿听政"也逐渐减少，根据《清实录》记载，圆明园的"御殿听政"，乾隆朝是 345 次，嘉庆朝是 145 次，道光朝是 119 次，而到了咸丰朝，这种制度只举行过 20 次。咸丰十年三月十三日（1860 年 4 月 3 日），咸丰皇帝在勤政亲贤内举行了最后一次"御殿听政"，半年后，圆明园被英法联军焚毁，后两宫垂帘，清政府也再没有举行过任何形式的御门或御殿听政。

勤政亲贤东、北、西三面环水，院内点缀有各种形态不一的假山石，保合太和殿东西各有一大组建筑，西院自南向北建有飞云轩、怀清芬、秀木佳荫、生秋庭等建筑。而东院则是一处很大的库房，存放着足够帝后穿上几辈子的龙袍、绸缎，还有大量珍贵的银鼠、黑貂、黑狐等的皮毛制成的珍贵皮衣。库内还存有大量精美的珐琅制品、珍贵瓷器，还有一个库房是专门存放西洋贡品的，房间里面堆放着大量各国进贡的西洋钟表、西洋玩具等。

另外值得一提的是，在勤政亲贤的东南角吉祥所门外西侧是圆明园司房，又称圆明园司房总管处，也就是圆明园总管太监办事处。

1	2
3	4

1. "富春楼"印章
2. "富春楼"印面
3. 2007 年 3 月 20 日，纽约苏富比拍卖行以 160 多万美元价格将乾隆青玉交龙钮玺"四得十全之宝"拍卖
4. "四得十全之宝"印面

—
勤政亲贤
遗址现状

勤政亲贤遗址现已恢复昔日山形水系，建筑地基尚埋在土中，遗址上存有少量太湖石及建筑构件。

九州清晏

　　九州清晏是个很大的景区，其中最大一个岛叫"九州清晏"。九州清晏，位于前湖北岸正中，与正大光明殿南北隔湖相望，为圆明园四十景之一。九州清晏坐落在一个巨大的岛上，四周靠桥梁与其他景区相通。东西长220米，南北宽120米，占地面积2.5万平方米，建筑面积8600平方米。

　　九州清晏由九个岛组成，每个岛又独立成景，岛与岛之间有桥梁相连通。九州是国家领土的象征，寓意"禹贡九州"。如果从高空俯瞰，九州清晏连同南面的正大光明、勤政亲贤很像一个乌龟，因为乌龟在古代有长寿与太平的意思，不知道是巧和还是有意为之，九州清晏又暗含了江山永固的意思。

　　九州清晏是圆明园最早建成的景点之一，康熙四十六年（1707）康熙皇帝首次临幸皇四子胤禛花园时，就是在九州清晏进膳的。九州清晏一直是帝后寝宫，除帝后身边亲近的太监、宫女外，任何人等不得靠近此岛。

　　九州清晏由三进大殿构成本景区的中轴线。由南向北，第一进殿为圆明园殿，殿前檐悬挂康熙皇帝御书"圆明园"三字匾。为什么起名"圆明园"呢？雍正皇帝在后来曾有过解释，说"圆明"二字的含义是："圆而入神，君子之时中也，明而普照，达人之睿智也。"圆字解释为"品德完美无缺，超过常人"，明字解释为"明达、明智、政绩明光普照"，圆明二字实际是统治阶级在标榜自己治理国家如何好而已。但也正因此殿悬挂有康熙皇帝御书匾而被视为圆明园正殿，圆明园殿内原收藏有《皇舆全图》，在咸丰年间还曾供奉过道光皇帝及咸丰生母神牌。在正大光明殿未建成之前，这里一直是圆明园的正殿。

　　圆明园殿后为奉三无私殿，奉三无私殿主要是清朝皇帝举办宗亲宴的地方。每年元旦，这里都要举行一次丰盛的宴筵，由皇帝钦点皇子、皇孙、亲王、贝勒等皇族成员入宴。乾隆四十六年（1781）在奉三无私殿摆家宴时，容妃（香

一

九州清晏局部

1 孝全成皇后画像。道光二十年正月十一
（1840年2月13日）孝全成皇后病逝
于九洲清宴湛静斋
2 清张廷彦绘《乾隆行乐图》中描绘乾
隆皇帝在九洲清宴怡情书史北侧池上居
鱼池前的场景

妃）就被赐座西边头桌首位。乾隆五十四年（1789）首次"五代同堂"也在此
处。奉三无私殿内设有宝座，两边还设有供皇帝休息的床。奉三无私殿内设有
祭台，雍、乾、嘉时期皇帝都要在这里祭太阳神。奉三无私殿东西回廊还有佛堂，
西佛堂供有观音菩萨，而东佛堂则供奉有圣祖仁皇帝（康熙）和孝恭仁皇后（雍
正生母）的神牌。道光中期后，佛堂改在圆明园殿。

　　过奉三无私殿后，为九州清晏殿，殿内悬挂有雍正御书"九州清晏"匾。
九州清晏殿为皇帝在圆明园居住时的主要寝宫。雍正十三年八月二十三日（1735
年10月8日），雍正皇帝就暴死在这里。九州清晏殿内设有东、西暖阁，还建
有仙楼（室内二层楼）。殿内为金砖墁地，殿前设有铜仙鹤。

　　九州清晏为帝后寝宫，经常会使用明火，再加之大多是木建筑，火灾就成
了最大隐患。九州清晏历史上发生过几次火灾，其中以道光十六年（1836）的
那次大火最为惨重，三大殿和寝宫全部化为灰烬。

　　在三大殿的西边有一组建筑叫乐安和，建筑考究，雕梁画栋。院内还堆有

假山叠石，安有藤萝花架。乐安和后为怡情书史，为乾、嘉时期皇帝的寝宫。寝宫内有幔子四架（春绸、芝麻地纱各二），并铺设高丽凉席。怡情书史内有小景点曰"池上居"，乾隆帝"每于夏月间憩此"，乾隆十二年（1747）首见题咏，壁间勒乾隆望雨望晴诗30余篇，嘉庆帝亦先后咏诗17篇。这里也是收贮宋、元、明书画真迹之处，其中明代书画家董其昌所品题《名画大观》也收于此处，因董其昌旧有"画禅室"，乾隆帝即借其名为此室命名，亦有诗咏。在乾隆四十八年（1783）《初夏池上居》诗注中提到，乾隆每到圆明园，都会从宫中把这些书画真迹带到这里贮藏。

怡情书史往西建有清晖阁。清晖阁北壁上悬挂有一幅大型圆明园全景图，乾隆御题"大观"二字，道光中叶改建清晖阁时，此全景图被移至正大光明殿西墙上悬挂。

到了道光十一年（1831）清晖阁、乐安和、怡情书史及北侧鱼池被拆除改建成慎德堂。慎德堂为一座三卷建筑，殿内装饰极其豪华，殿内设有仙楼，有螺旋楼梯可登，楼上东边有供皇帝休息的床。慎德堂前院内种有牡丹、芍药、

1
---
2 | 3

1. "同道堂""御赏"印章
2. "御赏"印文
3. "同道堂"印文

苹果等。道光皇帝对改建后的慎德堂十分满意，很喜欢在此居住。道光三十年正月十四（1850年2月25日）道光皇帝就病逝在此。

在慎德堂的西边有一组建筑叫湛静斋，此建筑原来是清晖阁，道光时期被改建成湛静斋，道光皇帝的全贵妃就居住在此，道光十一年六月初九（1831年7月17日）咸丰皇帝奕　就出生在这里。后全贵妃被立为皇后，道光二十年正月十一（1840年2月13日）病逝于此。咸丰五年（1855）更名为基福堂，是咸丰的孝贞皇后（慈安）居住之处。

另外，在九州清晏岛上还有两组建筑很值得一提，这两组建筑都跟慈禧有关，一组是位于九州清晏殿西侧的三间套间，外檐挂道光皇帝御书"同道堂"匾，"同道堂"本是咸丰当皇子时道光皇帝赐的书室匾额，咸丰当上皇帝后便将此匾悬挂于此，咸丰皇帝很喜欢在此居住。咸丰五年还在堂前添盖了一座戏台。但同道堂最出名的并不在此，而是在于咸丰皇帝临终前的一次赏赐。咸丰十年（1860）英法联军攻打北京，咸丰皇帝逃到承德避暑山庄，由于本身从小身子骨就不好，又加上各种心灵上的打击，不久就病倒了，他在临终前传位给唯一的儿子载淳，

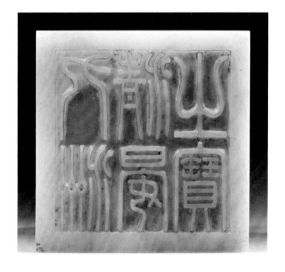

1
—
2
—
3

1. "九洲清宴之宝"印章
2. "九洲清宴之宝"印面
3. 如意桥出土残棋子

1｜2

1.立在九州清晏遗址上的"三一八"烈士纪念碑
2.九州清晏遗址出土的老砖

但当时载淳只有六岁，咸丰皇帝就为他指定了肃顺、端华等八位辅政大臣，但为了防止八位大臣独揽朝政，同时又交给慈安皇太后和载淳各一枚图章，做为下达圣谕的凭证。给载淳的那枚印章就刻着"同道堂"，因为当时载淳还小，所以"同道堂"印章就一直放在慈禧手上。这时的慈禧实际掌握大权，也为日后发动政变，垂帘听政奠定了牢固的基础。

另外一组建筑就是位于九州清晏东部的天地一家春。天地一家春实际上是后妃们居住的地方，乾隆二十五年十月初六（1760年11月13日）嘉庆皇帝就出生于天地一家春。天地一家春有自己的宫门，房间也是按中轴线左右排列，三进院两边还有七八座套院，西北部为皇后殿、寝宫，道光中叶，皇后寝宫搬到西路。三进院中最大的一组建筑叫天地一家春，天地一家春始建于雍正朝，殿内陈设有铜药王佛一尊。天地一家春的后殿为穿堂殿，殿内挂有《多子图》一幅。再往后是一排十五间的大北房，叫泉石自娱。咸丰五年（1855），天地一家春进行了大规模改动，咸丰的嫔妃们也被分别安排在各个殿宇内居住，后

一
颐和园内刻有"天地一家春"的铜缸

来统治中国近半个世纪的孝钦显皇太后（慈禧）当时还是懿嫔，每次陪咸丰皇帝来圆明园就居住在天地一家春的正殿里。相传，慈禧并不被咸丰看好，咸丰也不来临幸她，但慈禧毕竟还是有办法的，她用银子收买了咸丰帝的太监，故意带咸丰皇帝来到天地一家春，早已做好准备的慈禧唱着迷人动听的江南小曲，一下子就把咸丰皇帝给迷住了，不久慈禧就生下了咸丰皇帝唯一的一个皇子载淳，也是清王朝最后一个皇帝嫡出子（光绪、宣统均为亲王之子过继）。母以子为贵，不久慈禧就逐步晋封为懿贵妃。咸丰皇帝死后，慈禧又因为是同治皇帝生母而成为皇太后，后又与慈安一起秘密联络恭亲王发动政变，杀掉了肃顺等，进行垂帘听政，从此开始了长达48年之久的统治。

因为是慈禧发迹的地方，慈禧一直很怀念这个地方。同治及光绪时期几次修复圆明园，慈禧都希望恢复天地一家春，但无奈资金有限加之复建工程太为庞大，没有能力修成，但慈禧仍然不死心，在颐和园所有新铸的铜缸、铜鹿、铜花瓶上都刻上天地一家春，以纪念那段往事。

1. 慎德堂地基遗址
2. 考古挖掘出的九州清晏东南如意桥建筑基址

　　1929 年在九州清晏岛上原奉三无私殿一带，用正大光明遗址的旧砖瓦修建了"三一八"烈士纪念碑。
2004 年，九州清晏遗址挖掘清理完毕，东南、西南的两座石桥已经挖掘出来，岛上原慎德堂南的假山石尚存。
天地一家春后殿院子内的太湖石也已归位。

镂月开云

　　镂月开云，圆明园四十景之一，位于九州清晏景区的东南部。南北长 108 米，东西宽 95 米，占地面积 1 万平方米。

　　镂月开云原名牡丹台，是圆明园最早期的建筑之一，以种植牡丹而著名。在牡丹丛中，矗立着一座金碧辉煌的宫殿，它建在高高的汉白玉台基上。这所宫殿所用的木料全是香楠木，木纹和颜色都保持着原状，看上去十分清爽自然。殿顶覆瓦用黄蓝两色拼成美丽的图案。整座建筑显得高贵又华丽。

　　康熙皇帝曾五次临驾圆明园牡丹台，其中最后一次最为重要，那是康熙六十一年（1722）三月二十五日，下着细雨，康熙皇帝来到皇四子胤禛的花园欣赏牡丹，陪同侍奉的还有年仅十二岁的皇孙弘历，弘历虽然已经十二岁了，但还从来没有见过皇爷爷，康熙皇帝见到聪明活泼的小皇孙，异常高兴，传旨将弘历招入宫中培养。康熙、雍正、乾隆三朝天子共聚一堂欣赏牡丹被传为佳话。雍正四年(1726)六月，雍正帝胤禛御书"序天伦之乐事"匾文。乾隆三十年（1765），已经是五十五岁的乾隆皇帝回想起儿时随随爷爷康熙皇帝去承德避暑山庄，康熙将万壑松风鉴始斋赐给自己读书，赐居于静佳室，平时进宴或批阅奏章，都要自己侍奉在旁，朝夕教诲，便将万壑松风题名为纪恩堂，并撰写《避暑山庄纪恩堂记》，以纪念康熙皇帝对他的眷顾养育之恩。乾隆三十一年（1766）乾隆又将第一次见到爷爷康熙时圆明园镂月开云的牡丹台也改名纪恩堂，并撰写《纪恩堂记》以纪念康熙皇帝对他的养育之恩，同时也希望后代皇子皇孙能有所体会不负皇祖的浩荡天恩，可见乾隆皇帝对其祖父康熙皇帝是多么的热爱，透露出乾隆皇帝感性的一面。

雍正帝观花行乐图

畫長人靜讀書樓座
有蘭芬古與謀佳景
環中惟自會韶光
戶牖倩誰收營巢
浮意梁頭孤命侶
忘機水上鷗出岫白
雲歸尓浮也無能
春也無甃
季春御園室作

余省《繪姑洗昌辰
图》，描绘的就是
圆明园的牡丹台

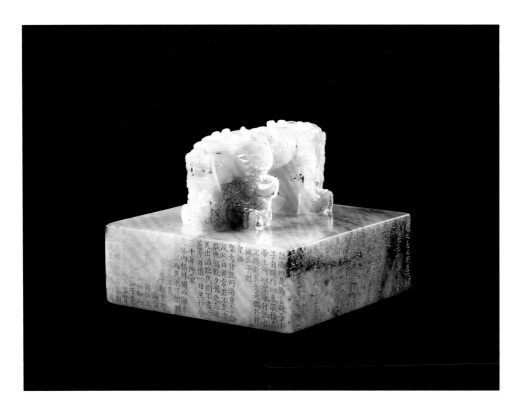

1. "纪恩堂" 玉玺
2. "纪恩堂" 玉玺印面

1. 镂月开云遗址现状
2. 镂月开云北凉亭建筑基址
3. 镂月开云遗址上种植的牡丹

　　镂月开云遗址已清整出建筑基址，遗址上现已补种了大量的牡丹。建议春天前去踏春旅游，亲自感受康、雍、乾三代盛世皇帝一同欣赏牡丹的情景。

天然图画

天然图画，圆明园四十景之一。南北长 150 米，东西宽 110 米，占地面积 1.6 万平方米。

天然图画位于九州清晏景区东岸，几乎完全占有了东岸，突出楼台面向后湖。在岛的南面挖湖凿池，北部修建院落，景点内竹林茂密，其中又以大量种植翠竹而最为出名。天然图画是圆明园较早建成的花园，在还是皇四子赐园时称竹子院，现故宫博物院还藏有一幅当年胤禛在天然图画西南角朗吟阁的人物肖像画。嘉庆皇帝小的时候被赐居在此，在这里居住多年。

天然图画由四面建筑围成一个院落，西高东低，西南面一座结构复杂但造型秀美的重檐歇山卷棚顶楼阁——朗吟阁，由于做了重檐处理，增加了楼阁的高度，乍一看像三层一样。朗吟阁南面还有楼梯直通向外面。皇帝可以不用进院直接登上楼阁，在朗吟阁北面与之相通的是竹蔼楼，登上竹蔼楼向西望去，近可观整个后湖景区，远可观连绵不断的西山秀峰，玉泉山上的塔、佛香阁隐约可见，梵宫珠塔、红楼飞阁尽收眼底。而站在竹蔼楼往东望，则是大片竹林，赏心悦目，真是名符其实的"天然图画"。

在竹林南面还有一座殿宇，与朗吟阁有廊相通。檐下悬挂乾隆五十二年（1787）御书"五福五代堂"匾。之所以挂此匾是因为乾隆四十九年（1784），乾隆帝七十四岁，已属古稀之年，当时他正在第六次南巡途中，由江宁经楼霞山驻跸龙潭行馆，于三月十二日在龙潭行馆得到留京王大臣的六百里加急奏折，报告乾隆的曾长孙奕纯在本月八日喜得一男（载锡），乾隆有了第一个元孙。清代不能随便使用"玄"字，因为康熙皇帝的名字叫"玄烨"，遇"玄"要避讳，所以用"元"代替"玄"。 在乾隆喜得元孙后，于乾隆五十二年正月在天然图画五福堂增题"五福五代堂"匾文，匾由苏州漆做，为黑漆地阳纹木金字、

雍正年轻时在天然图
画朗吟阁的画像

三寸宽二色金西番莲花纹大边。从此，五福堂也就改称五福五代堂。另外乾隆在景山景福宫、承德避暑山庄卷阿胜境也都题了"五福五代堂"匾，反映了乾隆皇帝得到元孙后的喜悦之情。在五福堂旁种有玉兰树一株，是圆明园早期建园时所植，弘历小的时候常在玉兰树下玩耍，此株玉兰被称作御园玉兰之祖。乾隆五十一年（1786）已经是七十六岁的乾隆曾有《五福堂玉兰花长歌志怀》诗称："御园中斯最古堂，其年与我相伯仲。清晖阁松及此花，当时庭际同植种。松遭回禄花独存……""回禄"是传说中的火神名，后因此称火灾为回禄，这里指的是乾隆二十八年（1763）五月初五发生在九洲清晏的一次火灾，烧毁了那里的九株乔松，那九株松树也被乾隆皇帝称为"从幼看枝放"，视为同庚。而另一株和他一起长大的玉兰并未遭灾。若如其所说玉兰与他年纪相仿，则这株玉兰已经七十多岁了，仍然长得很好，可能是沾了五福堂的"福气"吧。所谓"五福"之意据《周书·洪范》载："一曰寿，二曰富，三曰康宁，四曰攸好德，五曰考终命。"即长寿、富贵、健康、道德高尚、命运佳。

在天然图画东面有一桥廊，外檐悬乾隆御书"苏堤春晓"匾，取自西湖"苏堤春晓"，是圆明园仿西湖十景之一。

1 | 2

1
—
2

1. 朗吟阁现状
2. 考古挖掘出的天然图画建筑基址

1. 苏堤春晓地基遗址
2. 考古挖掘出的苏堤春晓老路基址
3. 苏堤春晓遗址现状

　　天然图画景区现已将建筑遗址及南面的水池清理干净。站在天然图画遗址向西望,后湖、西山近在眼前,是拍摄夕阳美景的最佳之处。

碧桐书院

碧桐书院，圆明园四十景之一，位于九州清晏景区东北角。南北长120米，东西宽115米，占地面积1.35万平方米。

碧桐书院是圆明园较早建成的一组建筑，雍正时期叫梧桐院。碧桐书院四面环山，仅在西南开口，与外界几乎完全隔绝，是一处非常清静的地方。建筑由错落有致、形态各异的大小院落组成，共三进院落，正殿檐下悬挂有雍正御书"碧桐书院"匾。正殿内设供皇帝休息的床、炕等。在碧桐书院西南角山石上还建有云岑亭。碧桐书院是清帝读书、作画的地方，书院周围种植有大量梧桐树，梧桐树是雍正的最爱，在《朗吟阁行乐图》中也有所表现。乾隆皇帝在诗中也曾赞美道"月转风回翠影翻，雨窗尤不厌清喧。即声即色无声色，莫问倪家狮子园"。诗中提到的倪家即元代大画家倪云林（倪瓒，号元林，字元镇，元末四家之一）。倪云林很爱干净，其家中种有数株梧桐树，每天都叫书童洗刷干净，乾隆皇帝把自己比作倪云林，意思是向他人说明自己也是一个爱干净的画家。

碧桐书院精彩之处还有水系的经营。但其规模较小，在《圆明园四十景图》中无法全面表现。此景东院两座面阔五间的文轩遗址在2004年进行了考古挖掘，对比《圆明园四十景图》，仔细观察会发现，此处以直廊贯通，其间有一方水池以自然青石驳岸，两边设有闸口控制水量。院中水池与东部小溪相通流入后湖。水池上架天棚，天棚正好遮挡住盛夏烈日的阳光，不但增加了几分私密性，还将前后两栋建筑连为一体，设计十分巧妙。

相传被雍正害死的吕留良之女吕四娘为父报仇杀死雍正，并割下雍正头颅祭父的地点就是碧桐书院。

碧桐书院细节·

1
——
2
——
3

1. 碧桐书院东北山坡现状（由西南向东北拍摄）
2. 碧桐书院东部渔家乐桥遗址
3. 碧桐书院遗址考古清理出的甬路

1. 碧桐书院北部临水驳岸现状
2. 碧桐书院考古挖掘出的建筑基址

　　碧桐书院遗址只有文轩遗址被清理出来，而且至今仍保留有刚刚挖掘出土时的样子，石块散落摆放，没有进行任何修补，很值得一看。

慈云普护

慈云普护，圆明园四十景之一。南北长 120 米，东西宽 90 米，占地面积 1 万平方米。

慈云普护在圆明园还是皇子赐园时就有，叫涧阁。慈云普护位于后湖中轴线上，是一处宗教建筑。其造景布景模仿浙江天台山的石桥幽致。整组建筑一面靠山，三面临水，主殿为一座二层建筑名叫慈云普护，楼上供奉大慈大悲观世音菩萨，楼下祀奉三国名将关羽神像。二层楼往南是龙王殿，殿内供奉着圆明园福海的昭福龙王。龙王殿往南有前殿三间，外檐悬挂有雍正御书"欢喜佛场"匾，殿前还有藤萝架一座，藤萝架旁还有一个牡丹花池。这三座殿用廊相连接，设计十分巧妙。另外在慈云普护楼西北还建有一座自鸣钟楼，自鸣钟为三层六角楼阁，中层楼上镶嵌有一架西洋大自鸣钟，整点时会自动报时，声音清脆悦耳，皇帝无论站在九州清晏任何景区都可以很清楚地听到报时。

慈云普护是帝后在圆明园期间拈香拜佛的场所之一，每次帝后前来拈香拜佛，都是由太监充当僧人念经。慈云普护正好坐落在九州清晏景区的最北端，清朝皇帝希望借慈云普护内的菩萨守护圆明园，使其统治基业能够长长久久。

慈云普护临湖建筑 —— "欢喜佛场"

$$\frac{1}{2}$$

1. 欢喜佛场遗址现状
2. 欢喜佛场遗址上藤萝架柱孔

—
慈云普护殿临水轩遗址

　　慈云普护遗址已于 2004 年清理出来，自鸣钟楼及欢喜佛场遗址尚可看清，站在遗址向南望，九州清晏岛十分清晰，是欣赏后湖的最佳地点。

上下天光

上下天光，圆明园四十景之一，位于九州清晏景区北部偏西。占地面积 1600 平方米。

上下天光是圆明园较早修建的一组建筑，雍正年间就已建成。主体建筑叫涵月楼，是一座两层敞阁，外檐悬挂乾隆御书"上下天光"匾，"上下天光"之名是取自北宋文学家范仲淹的《岳阳楼记》"上下天光，一碧万顷，沙鸥翔集，锦鳞游泳"中"上下天光"之句。涵月楼是一组临水建筑，此建筑盖在一座石平台上，前半部分伸向水中，建筑东西两边各有一组水亭和水榭，用曲桥相连在一起。这组建筑修建得十分巧妙，站在水榭上如同站在美丽的图画中。但到了道光七年（1827），上下天光做了很大变动，拆除了原来的曲桥、亭榭和曲廊，整个建筑改为码头，这次改建使原有的意境大为减少，但仍很特别。每到中秋佳节，道光皇帝经常在此楼侍奉皇太后赏月，祭祀兔儿爷。直到圆明园被毁的当年（1860），上下天光仍在修建，为咸丰皇帝过三十岁生日添搭天棚。

上下天光曲廊局部

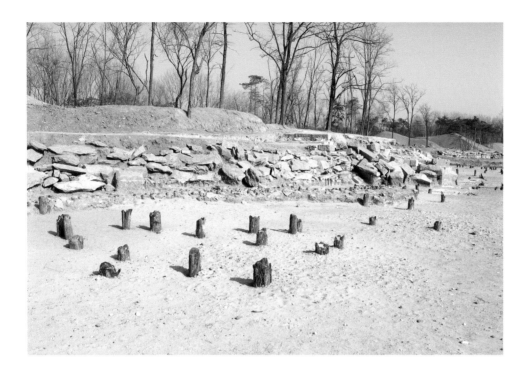

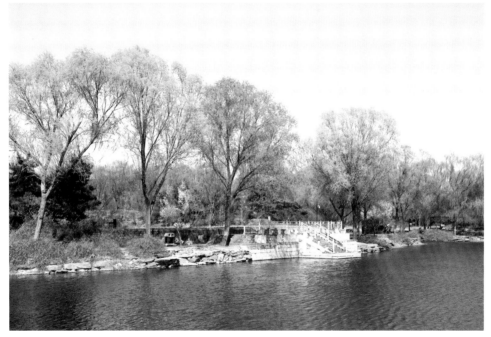

1. 上下天光水榭木桩遗址
2. 上下天光现状

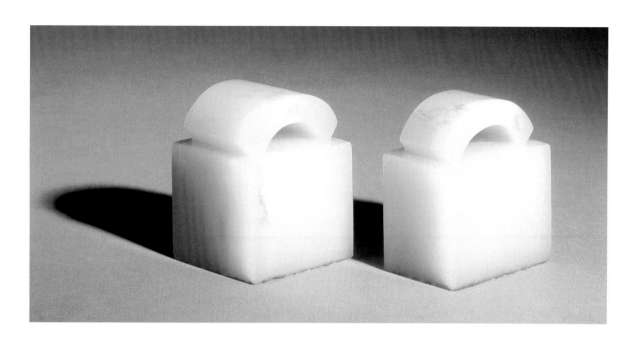

1
—
2

1. 道光御宝"涵月楼宝""洁渠同民"白玉瓦钮玺两尊
2. 道光帝改造后的上下天光烫样

上下天光遗址已于 2003 年清理完毕, 原曲桥、亭榭、曲廊、木桩也已挖掘出来, 涵月楼的建筑基址清晰可见。

杏花春馆

杏花春馆，圆明园四十景之一，位于九州清晏景区西北角。占地面积 1200 平方米。

杏花春馆在康熙年间就已建成，最早叫菜圃。杏花春馆是模拟农村风光而修建，在中南部还建有一块菜园，菜地四周修建有大小不同的农舍，还有浇水灌溉用的井亭等，来到这里宛如置身于村野。菜地四周还种有很多杏花树，皇帝经常在此欣赏杏花美景，到了乾隆二十年（1755）杏花春馆进行了较大改建，添建了春雨轩殿、南山得树亭等。乾隆三十五年（1770）又在杏花春馆堆山叠石，这座土山是圆明园第二高山，山上还建有城关。站在城关上向下望，整个九州九岛清晰可见。

杏花春馆西边有一座土地庙，也就是祭祀土地公、土地婆的场所。庙为悬山建筑，前插幡杆，殿内有土地公、土地婆神像两尊，站童两尊。此庙位于杏花春馆景区西南角，面宽 3.2 米，进深 3.36 米，前后廊各深 1.12 米，柱高 2.56 米，台明高 0.32 米。杏花春馆土地庙雍正年间已有。雍正十年（1732）在"后土佛像处"供安香色彩漆香盘四件。乾隆八年（1743）此庙花瓶奉旨供纸金花，每于年节换新。

话说咸丰皇帝奕詝幼时路过此庙常进去叩拜。道光末年奕詝在南苑习猎时，不慎坠马伤足，他就

默祈土地神灵保佑。奕詝继帝位后又患肝疾，引发旧伤作痛，他到土地庙烧香许愿，后来病虽未痊愈，但"已有舒和之象"，咸丰八年(1858)正月降谕：封春雨轩司土之神为"圆明园昭佑敷禧司土真君"，封土地婆为"圆明园昭佑敷禧司土夫人"。修饰庙堂，镌刻楠木神号，在庙北建立碑石，每年春秋二季由内务府大臣服蟒袍补褂祭祀。殿内设供案、磬几各一张，祭日陈果实、饼饵各五盘，茶盏二、香盘一、炉一、灯二。殿前阶上设中和庆神乐，阶下设洗，拜位设于殿外。

还值得一提的是在咸丰年间，据《清代野史大观》记载：咸丰皇帝有四个汉族妃子分别是杏花春、海棠春、牡丹春和武陵春。清朝有祖制，不能纳汉女为妃，但咸丰皇帝迷恋女色，还是将这四名汉族女子带进了圆明园，其中杏花春就居住在杏花春馆。每到杏花盛开的时候，咸丰皇帝就经常带着四个汉族妃子在此饮酒做乐。

1860年圆明园罹劫后，土地庙躲过一劫。此后的同治和光绪朝土地庙每月初一、十五仍供干果素烛。1900年土地庙彻底毁于八国联军战乱。

杏花春馆遗址 2003 年已经清理挖掘完毕，现遗址上仍保存有大量太湖石。北面圆明园第二高山也已按原貌堆积起来，山后尚存有城关遗址。原城关上的乾隆御笔"屏岩"石刻匾民国年间被人盗走，现存于北京城内西交民巷 87 号院内。

1
—
2

1. 杏花春馆现状
2. 杏花春馆清理出土地庙建筑基址

1. 杏花春馆井亭遗址
2. 杏花春馆东北山城关遗址

坦坦荡荡

坦坦荡荡，圆明园四十景之一，位于九州清晏景区西部偏北。占地面积 1050 平方米。

坦坦荡荡是圆明园较早建成的一个景区，康熙年间就已建成，起初叫金鱼池。坦坦荡荡分南北两部分。南面是一组中式建筑，中间一间正殿，外檐悬挂乾隆皇帝御书"素心堂"匾，此堂一般是帝后及皇太后来此游玩、休息的地方。素心堂东殿为半亩园，是帝后及皇太后进膳的地方。在中式建筑的北面就是坦坦荡荡的主要建筑——圆明园内最大的观鱼池。观鱼池平面呈正方形，中间建有一敞榭，外檐悬挂有乾隆御书"光风霁月"匾。光风霁月殿南北有三个鱼池，南面的要大一些，北面两个池子略小一些，西北方的水池中建有一座四方亭，清朝皇帝很喜欢在此亭内观赏金鱼。坦坦荡荡整体布局与杭州"玉泉鱼跃"颇为相似。整个鱼池中养有各种小大金鱼数千尾，乾隆皇帝非常喜欢此景，每次来圆明园都必到此地，并在此咏诗数首。金鱼池内建有太湖石围成的鱼窝数个，这种设计十分微妙，每到冬天鱼池水面结冰，但鱼窝内由于很深，温度较高，鱼可以在鱼窝内过冬，这样就免去了秋季捞鱼的麻烦，这种形式的鱼池在清代皇家园林中是不多见的。

金鱼池北面原有一座汉白玉石拱桥，桥石券上刻有乾隆御笔"碧澜桥"，过碧澜桥就可到达北部的杏花春馆景区。

1. 复建后的碧澜桥
2. 乾隆御笔 "碧澜桥"

1. 坦坦荡荡金鱼池遗址现状
2. 坦坦荡荡金鱼池建筑基址

坦坦荡荡遗址 2003 年已经清理挖掘完毕，金鱼池遗址保存十分完好，北面碧澜桥也已按原样复原。

茹古涵今

茹古涵今，圆明园四十景之一，位于九州清晏景区西部偏南。占地面积 9000 平方米。

茹古涵今建于乾隆初年，主体为方形大殿，殿内悬挂有乾隆御书"韶景轩"匾，韶景轩位于茹古涵今景区最北部，轩内有宝座床、文榻。韶景轩二楼是欣赏西山及后湖的最佳地点，为了更好地欣赏西山及后湖景色，茹古涵今四周很平坦，没有高山，其余建筑修建得也较矮。茹古涵今四周宽敞清幽，为皇帝冬季读书之地。茹古涵今装修较奢华，室内有楠木樘板，四面窗装饰有紫檀木窗框，楠木窗芯。据《御制诗集》中《填仓日》一诗的注解，韶景轩曾是"慧贤皇贵妃所居住也"。《清史稿·慧贤皇贵妃列传》记："慧贤皇贵妃，高佳氏，大学士高斌女。事高宗潜邸，为侧室福晋。乾隆初，封贵妃。薨，谥曰慧贤皇贵妃。葬胜水峪。"

池塘快雨晴彩棄聯
智々洒然片刻間冬事
聊收拾雲英華霸濃
煙鋤翻地溫芳媒
祓隨游福修意集桃
李分齋讓壺園羞弗
及於敘不讓名一律幽
清
貴兔以給先秋種穩
花秋色候尋入因思為
寧方凡事𢷬則主
右種秋花一首因命
以詩亭為園南窗初
秋陽筆

张若霭《画高宗御笔秋
花诗》，描绘的景色就
是茹古涵今北部景观

1
—
2
—
3

1. 茹古涵今遗址现状
2. 挖掘中的南大桥
3. 茹古涵今的姐妹建筑
——故宫建福宫延春阁

慧賢皇貴妃

1│2

1. 慧贤皇贵妃朝服像
2. 慧贤皇贵妃

茹古涵今遗址 2003 年已经发掘清理完毕，整个遗址基础清晰可见。

长春仙馆

长春仙馆，圆明园四十景之一，位于九州清晏景区西南角。占地面积 3700 平方米。

长春仙馆建于雍正初年，初名莲花馆，从雍正七年（1729）起，皇四子宝亲王弘历被雍正赐居于此，雍正十一年（1733）弘历被雍正赐雅号"长春居士"，后来弘历当上了皇帝，就将莲花馆改名为长春仙馆。嘉庆皇帝在最初当皇帝那三年，来圆明园也住在长春仙馆，后道光年间大修九州清晏寝宫，道光皇帝也居住在长春仙馆，所以长春仙馆又有圆明园"第二寝宫"的称号。

长春仙馆四面被水包围，进出由木桥与其他景区相连接，岛上是由四个院落组成，其中东院为正院，是一个完整的小四合院，由倒座房、垂花门、东西厢房、正房组成。正房外檐下悬挂乾隆御书"长春仙馆"匾。乾隆四十二年正月二十三（1777 年 3 月 2 日）乾隆生母孝圣宪后在长春仙馆去世，这里便改成了佛堂，以示乾隆对额娘（母亲）的思念之情。长春仙馆西边为绿荫轩、丽景轩、春好轩。它们曾是弘历年轻时读书的地方，嘉庆、道光时期又一度是嫔妃的寝宫。由于长春仙馆一直是清代帝后在圆明园居住的第二寝宫，在长春仙馆岛的西岸还建有御膳房、御茶房、御药房、太监值班房等。

在长春仙馆正北跨溪石桥上，还建有三开间桥亭一座，名叫鸣玉溪。

1
――
2

1. 长春仙馆西北的鸣玉溪桥
2. 乾隆的生母——孝圣宪皇后，病逝于长春仙馆

1. 长春仙馆西北的鸣玉溪桥遗址现状
2. 长春仙馆遗址现状

　　长春仙馆遗址已于 2003 年挖掘清理完毕，岛上建筑基址清晰可见，岛北面的鸣玉溪桥基也同时被挖掘并清理完毕，现可见桥基及部分桥上石构件。

山高水长

　　山高水长，圆明园四十景之一，位于圆明园的西南部。这里地势平坦，苑囿宽敞，很像北方的大草原，其总面积和整个九州清晏景区相当。

　　山高水长建于雍正初年，最初称引见楼，是清朝历代皇帝宴请外藩使节及王公大臣观看游艺节目、欣赏火戏（烟花）和训练圆明园警卫部队的地方。

　　山高水长主体建筑为一座卷棚歇山楼，外檐悬挂乾隆御书"山高水长"匾。山高水长西设有供骑射比赛用的马道，清朝皇帝定期要在此观看八旗比赛，以示任何时候都不要忘记满族的民族特点，不要忘记先祖们是在马背上打下的天下。这里还是清朝皇帝设武帐宴的地方，武帐宴俗称"大蒙古包宴"，武帐宴开始于雍正时期，到乾隆时达全盛，每年正月十三前都要举办一次，宴请者主要是蒙古王公、外国使节等。到元宵节，山高水长还要举行盛大的"火戏"表演，也就是放烟火。同时还有善扑营表演撩跤，健锐营表演枪技，另外还有回部表演铜绳技（达瓦孜，回部高空走绳），同时还演奏蒙古、朝鲜等民族的歌曲。在山高水长南部还建有存放武帐宴及放烟火的十三所。

1 | 2

1. 训守冠服国语骑射碑
2. 训守冠服国语骑射碑碑文

—
山高水长遗址现状

1
—
2

1. 山高水长建筑基址
2. 山高水长建筑基址

一
山高水长建筑基址

　　山高水长景区现尚未系统大规模考古挖掘，部分建筑基址尚可辨认。原山高水长《训守冠服国语骑射碑》
现今存放在中国国家图书馆分馆院内。

万方安和

万方安和，圆明园四十景之一，位于山高水长东北，东邻杏花春馆。占地面积 2.7 万平方米。

万方安和建于雍正初年，最初叫"万字房"。万方安和建筑平面呈"卍"字形，整个汉白玉建筑基座修建在水中，基座上建有三十三间东西南北室室曲折相连的殿宇。这里是雍正皇帝最喜欢的景区。万字房四面临水，中间设皇帝宝座，宝座上方悬挂有雍正御书"万方安和"匾，西路为一室内戏台，此戏台设计得十分巧妙，唱戏者在西北殿而皇帝则坐在正西的殿内观戏，中间用水相隔。万字房的东南为一临水码头，皇帝平时来万方安和一般是坐船直接到此码头上岸。万方安和对岸建有一座十字大亭，俗称十字亭，十字亭顶还安设一个铜凤凰，十字亭周围栽种了许多珍贵花卉、树木。

万方安和这样的"卍"字形建筑在我国历代皇家园林中是绝无仅有的，它独特的建筑形式更能体现出圆明园是集中国五千年园林建筑之大成的一处皇家园林，不愧为万园之园。

一
十字亭

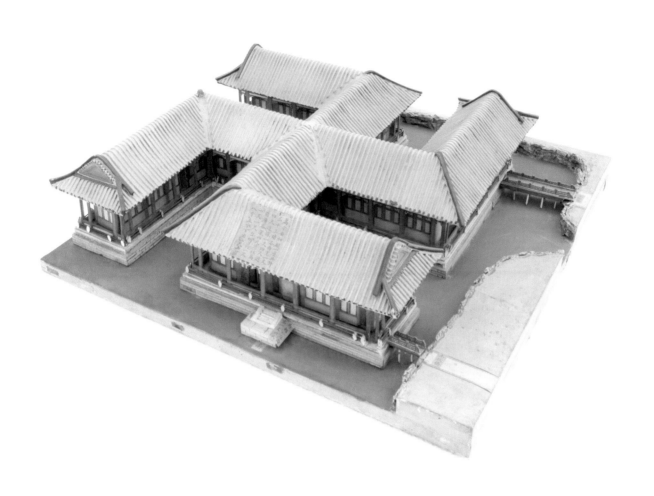

万方安和建筑烫样

$$\frac{1}{2}$$

1. 被毁后的万方安和遗址
2. 万方安和十字亭遗址现状

—
万方安和现状

万方安和遗址及南岸十字亭的建筑基址已于 2003 年考古挖掘完毕。现"卍"字形建筑基址十分清晰，但四周已无建筑。

藻园

藻园，位于圆明园西南角。占地面积2300平方米。

藻园是一个山水环带、风景秀美的园中之园。藻园分东西两部分，东部建成于乾隆二十三年（1758），而西部诸景则建成于乾隆三十年（1765）。

藻园因地处圆明园西南角，离西郊清漪园、静明园、静宜园较近，清朝皇帝一般比较喜欢从这出发前往西郊诸园，藻园因此也有自己独立的大门。因为圆明园诸景大多用水相连，皇帝经常乘船来此，所以在藻园景区还建有船坞。在藻园门东还建有进水闸，昔日皇太后从畅春园直接乘船来圆明园，就是从进水闸直接进园的。藻园其实更像一座连接圆明园与西郊诸园的中转站，乾隆皇帝从圆明园藻园出发去往西郊诸园一般喜欢选择骑马前往，所以在藻园门西南角还建有御马圈，御马圈专门为皇帝饲养上等御马，以便随时供皇帝使用。也正是因为藻园是连接圆明园与西郊诸园的中转站，这里修建的景点也大多为皇

藻园复原图

帝或皇太后休息的殿宇，乾隆皇帝喜欢在休息的时候读书、写字，所以藻园内景点多书房、敞轩，如贮清书屋、夕佳书屋、湛碧轩、自远轩等。

藻园在咸丰十年（1860）被英法联军烧毁，但藻园门幸存，光绪年间，慈禧太后还经常带光绪帝由颐和园来圆明园游玩，进出的就是藻园门，可惜的是藻园最后还是毁于1900年战乱。

藻园遗址考古挖掘出土的乾隆御笔石刻，正面刻"翠照"

1
—
2
—
3

1. 藻园遗址现状
2. 故宫建福宫类似"绮交"
"翠照"的姐妹建筑
3. 原址复建的藻园门和新
开的公园门

1. 藻园内船坞遗址现状
2. 藻园遗址考古挖掘出土的林圆锦镜殿前之花墩

　　藻园于 1994 年进行了遗址考古发掘，后于 2006 年将藻园建筑地基掩埋。乾隆御笔"翠照""绮交"石刻现存圆明园管理处库房。藻园门已于近年复建。

武陵春色

武陵春色，圆明园四十景之一，位于万安方和北面。占地面积 2000 平方米。

武陵春色，是仿照晋代陶渊明《桃花源记》中所描绘的艺术意境建造的。武陵春色在康熙年间就已建成，胤禛《园景十二咏》即有《桃花坞》《壶中天》诗目。从雍正四年 (1726) 起弘历曾被赐居在此。武陵春色修建得十分有特点，分东西两部分，建筑全集中在西部，东部则是一条水溪。水溪两岸种植了大量桃花，此溪又叫桃花溪，如果要是想进入西部景点，需乘船前往逆流而上，必需要穿过一座高 3.5 米，宽 3 米、深 8 米用青石架成的桃花洞，才可进入"世外源园"。

"世外源园"是由三组建筑组成，最南面是一个封闭的院落，院内主体建筑叫全碧堂，是专为帝后演戏的太监居住的地方。中间建有一组戏台，分观戏殿与戏台两组建筑，戏殿外檐下悬挂有皇帝御书"恒春堂"匾。南面则是一座两层戏台，叫壶中仙籁。嘉庆二十四年（1819）嘉庆皇帝万寿节，道光十九年（1839）正月十五日，二月十五日、二十八日，五月初五等，均曾在恒春堂演唱连本大戏。道光十九年四月道光皇帝侍奉皇太后在此进膳。

戏台北面是由几个大小不同的建筑组成。其中乐善堂是乾隆皇帝做皇子时读书的地方。乾隆有诗集名曰《乐善堂全集》。乾隆晚年时还经常来这里读书，回忆自己的童年时光。

武陵春色东南角是圆明园内最小的一处园中之园——壶中天，此处在圆明园还是雍正属园时就已经建成。它取意道教仙家风月的传统主题，典出《后汉书·方术传》中河南汝南人费长房追随卖药仙人壶中翁学道的传说记载。其山水环境的营构重在创造一种切合于"壶中"的审美幻觉。胤禛《壶中天》诗云："峰峻疑无路，林深却有扉。鹤闲时独立，花静不轻飞。洞里春长驻，壶中月更辉。一潭空似镜，碧色动帘衣。"因地域狭小，此景大量使用叠石，至今还有大量叠石遗迹。

一

桃花洞及壶中天

1. 武陵春色遗址现状
2. 桃花洞遗址现状

　　武陵春色在咸丰十年（1860）被英法联军焚毁后一直处于无人管理状态，山形水系一直保留得很完整。东南角的桃花洞至今仍在，每到桃花盛开时，站在洞前可以感受到自己仿佛置身于世外桃源。恒春堂和壶中天遗址在 2012 年进行过清理，现已对游人开放。

月地云居

月地云居，圆明园四十景之一，位于武陵春色正西。占地面积4万平方米。

月地云居，就是清净地，原称安佑宫。雍正死后其御容（画像）一直被乾隆供奉在此，后来在月地云居的西北修建了规模更大的皇家祖祠安佑宫后，这里才变成皇家寺院。

月地云居坐北朝南，整组建筑背山临流，松色翠密，显得十分庄重。山门前有乾隆五十年（1785）修建的四柱三楼式牌楼一座，山门为三间，门额曰"清净地"，山门内东西为钟、鼓楼。过钟、鼓楼便可看见一座方形重檐攒尖顶大殿，前殿外檐悬挂有乾隆御书"妙证无声"九龙边铜镀金字匾。妙证无声殿后为月地云居殿，殿内供奉三世佛。月地云居殿东西各建有八方重檐亭一座，亭内供奉有呓密佛与大威德金刚。月地云居殿后是藏经楼，外檐悬挂有乾隆御书九龙边铜镀金字"莲花法藏"匾，藏经楼内不但供奉有无量寿佛，还收藏有大量经文。

乾隆四十五年（1780），是乾隆的七十大寿，乾隆皇帝邀请六世班禅进京。为了迎接班禅大师来北京为乾隆皇帝祝寿，对月地云居进行了改建，在东部添建法源楼，正楼三间四围廊，外檐悬乾隆皇帝御书"法源楼"匾。

月地云居在乾隆、嘉庆朝时佛事十分频繁，每到重大佛事活动时，这里均有大型活动。平时每月的初一、十五，只要乾隆在圆明园内居住，都要亲自来月地云居拈香、磕头。乾隆四十五年九月初七，六世班禅在皇六子永瑢的陪同下游览了月地云居。

月地云居局部

1
――――
2

1. 雍和宫殿内珐琅五供陈设
2. 法国枫丹白露宫内的珐琅五供

1. 月地云居山门前牌楼夹杆石
2. 月地云居法源楼遗址现状

　　月地云居景区现尚存有牌楼四柱夹杆石，夹杆石上祥云花纹雕刻精美。建筑基址在 2012 年进行过清理，现已对游人开放。

鸿慈永祜

鸿慈永祜，圆明园四十景之一，位于月地云居西北。占地面积6150平方米。

鸿慈永祜，又称安佑宫，是乾隆五年（1740）依照景山寿皇殿修建的一组大型皇家祖祠，所有殿宇均覆黄琉璃瓦，用红墙围筑起来。整组建筑气势磅礴，庄严肃穆。

鸿慈永祜坐北朝南，安佑宫门外立有三门琉璃火焰牌楼一座，牌楼上有乾隆御书铜镀金字匾"鸿慈永祜"，琉璃火焰牌楼东西两边各立有两座高8米的华表。过琉璃火焰牌楼是致孚殿，致孚殿是清朝各帝祭祖更衣的地方。致孚殿北有三座三孔石桥，过石桥后为三座牌楼环抱。三座牌楼北为一座琉璃券门，券门前东西各置有石麒麟一对。过琉璃券门便到了安佑宫的正门——安佑门，门外檐悬挂有乾隆御书"安佑门"匾，宫门外东西各建有一座井亭，宫门内还建有焚帛炉。

在安佑门内东西两侧各建有一座重檐八方亭，亭内矗有乾隆御笔满、汉双语《安佑宫碑》，两座碑亭中间便是正殿——安佑宫。安佑宫为重檐歇山顶，黄琉璃瓦，面阔九间，是圆明园建筑等级最高的一座建筑。安佑宫四周围以汉白玉栏杆，殿前设有八座大铜缸，四座铜炉，一对铜鹿和一对铜鹤。殿内供有康熙、雍正、乾隆、嘉庆、道光五代皇帝的御容，殿内陈设有祭祀用的乐器一套。每年上元、中元、清明、先祖生辰和忌日皇帝都必须来此叩拜。

清朝皇帝每次在安佑宫祭祖都是声势浩大，几百名太监、宫女要忙上一个月。咸丰十年（1860）英法联军占领圆明园，由于在安佑宫内的太监、宫女都在为皇帝即将举行的祭祖忙碌，并不知道侵略军已经将圆明园占领，最后两百多宫女、太监全都惨死在侵略军的枪口下。安佑宫连同殿内供奉的列祖列宗全都被侵略者点燃，这座金碧辉煌的皇家祖庙随之成为一片废墟。

安佑宫细节

法国人谢满禄于 1882
年前后拍摄的鸿慈永
祜华表及松柏树

1. 法国人谢满禄于 1882 年前后拍摄的安佑门外石麒麟
2. 法国人谢满禄于 1882 年前后拍摄的鸿慈永祜安佑门及内桥

1. 现存北京大学老主楼前原鸿慈永祜石麒麟
2. 现存北京大学老主楼前原鸿慈永祜石麒麟基座细部

1. 现存北京大学老主楼前原鸿慈永祐丹陛石
2. 现存北京大学老主楼前原鸿慈永祐石麒麟及丹陛石

$$\frac{1}{2}$$

1. 现存中国国家图书馆老馆内的原鸿慈永祜华表
2. 现存北京大学内的原鸿慈永祜华表

一

原藏于鸿慈永祜的乾隆白玉素面碗暨紫檀原座，碗内有"安佑宫"黄签

安佑宫在被烧毁后尚存有大量遗址，1900年基本毁于战乱。其中的两对华表现一对在北京大学西门内，另一对在中国国家图书馆老馆，石麒麟被移到了北京大学老主楼前，两块安佑宫前的云龙丹陛石也被安放在了颐和园东宫门前和北京大学内。

紫碧山房

紫碧山房，位于圆明园西北角。占地面积1.37万平方米。此处地势较高，又广叠山石，为圆明园地势最高的地方。

紫碧山房在雍正时期就已属于圆明园范围。雍正时期，此处仅有一些小型建筑，直到乾隆二十二年（1757）乾隆皇帝第二次南巡回京后，仿照苏州寒山别墅、千尺雪寒山为蓝本对紫碧山房进行了大规模的改扩建工程，于乾隆二十五年（1760）基本完工。此次扩建仿苏州寒山西部，南挖湖，东部广叠山石，山石之上，并建有亭台楼阁。乾隆在二十六年（1761）的《紫碧山房题句》中云："山房卜筑已多年，云构恒瞻圣藻悬。卓尔仰怀仁者乐，佳哉常契画中禅。赵家粉本饶仙趣，陶氏清辞无俗缘。最爱夕阳西下际，鹤林高致会当前。"

紫碧山房主体建筑为三进，正殿三间，外檐悬乾隆御书"紫碧山房"匾。正殿南临湖建有宫门码头三间，宫门为乾隆二十五年新建。正殿后为前殿，檐下悬挂乾隆御书"横云堂"匾。殿前有

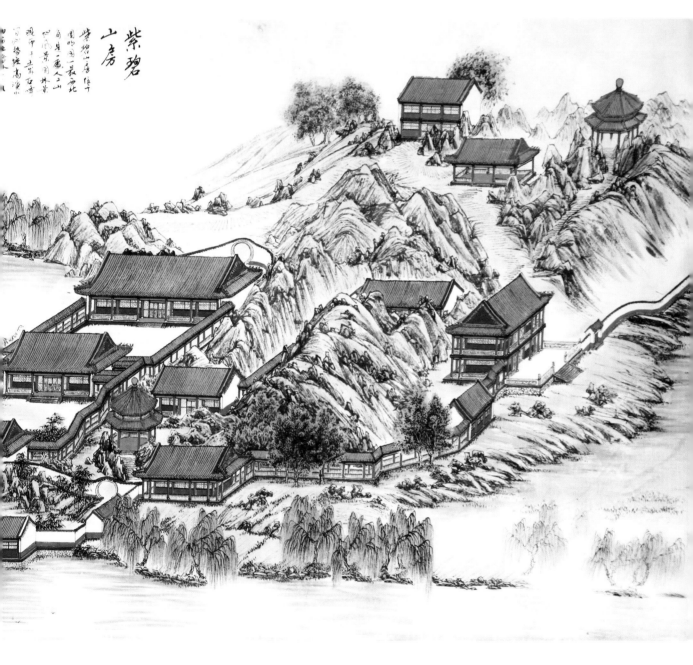

紫碧
山房

1.法国人谢满禄 1882 年拍摄的顺木天大亭
2.民国时期的紫碧山房遗址

爬山回廊与前后殿相通。爬山回廊西为山石洞口，洞口另一端与其他殿宇相通。前殿后有后殿五间，檐下悬挂乾隆御书"乐在人和"匾，此殿为紫碧山房正殿。殿内悬挂雍正御书"紫碧山房"匾。殿内建有仙楼，东次间设有床供皇帝在此休息。

三进殿西挖掘有一座人工湖，湖中建坐北朝南二层三间楼一座，上层外檐悬挂乾隆御书"澄素楼"匾，桥东有曲桥与池岸相连，岸边还建有二柱牌楼一座，牌楼东即山洞口，穿过山洞可达横云堂。此意境与苏州寒山清晖楼很相似。

紫碧山房由于地势较高，再加之周边又无大型建筑及景群，所以一直是帝后登高欣赏圆明园全景的最佳地点。紫碧山房的建筑物也多以观景的亭台楼阁为主，如景晖楼、霁华楼、翼翠亭等，乾隆皇帝就曾多次到紫碧山房欣赏西山风景，并留有大量诗句。在紫碧山房东面还建有果园，乾隆皇帝曾多次下园种植水果，收获后不但自己吃，还经常进呈给皇太后品尝。

在果园偏东是座八方二十四柱高台大亭，东西南北四面皆设踏跺，外围环以清溪，东西各架一座石平桥。八方亭外檐悬乾隆御书"顺木天"三字匾。亭名取自《种树郭橐驼传》中"橐驼非能使木寿且孳也，能顺木之天，以致其性焉尔"之句。意思是说种树要顺应树木的自然生长规律，使它按照自己的本性成长，拓展到管理百姓，就是要与民休息，尊重发挥人的主观能动性，不要管得太多，好心办坏事。在法国公使馆秘书谢满禄 1882 年拍摄的照片上还可以清楚地看到乾隆御笔的"顺木天"匾额。

紫碧山房由于位于全园的西北部，英法联军并没有到达这里，所以逃过一劫，光绪年间慈禧太后也曾多次在此游览，并在这段时间进行过修补，1900 年紫碧山房景区彻底毁于战乱。

1. 考古挖掘出的宫门码头遗址
2. 考古挖掘出的桥涵

1. 考古挖掘出的澄素楼遗址
2. 考古挖掘出的紫碧山房殿遗址

　　紫碧山房遗址上高高的人工堆山尚存，2017 年进行了考古挖掘，找到了宫门、正殿及澄素楼和部分桥涵建筑基址。如今站在紫碧山房遗址土山上向东望，全园风光依然清晰可见，但因为北边五环路的修建，原有的气势逊色不少。紫碧山房遗址至今还有"寒山"的俗称。

汇芳书院

汇芳书院，圆明园四十景之一。占地面积 1600 平方米。

汇芳书院位于圆明园北面，安佑宫东面。汇芳书院的西、南、东三面都有水池。这里环境优美、景色怡人，是一个书院型园林。

汇芳书院建成于乾隆七年（1742），宫门外檐悬挂乾隆御书"汇芳书院"匾，院内建有抒藻轩、涵远斋、翠照轩等建筑，抒藻轩内还建有戏台，乾隆经常在此读书看戏。抒藻轩东面为月牙形平台殿，一层殿外檐挂有乾隆御书"眉月轩"匾，二层为一平台，站在平台上可远观圆明园西北景区。

在汇芳书院东南还建有一敞厅，外檐悬雍正御书"问津"，在问津的东面立有一个石牌坊，牌坊坊楣刻有乾隆御书"断桥残雪"，是圆明园仿西湖十景之一。坊阴镌刻御制诗："在昔桥头密雪铺，举头见额忆西湖。春巡几度曾来往，乃识西湖此不殊。"

一
汇芳书院细节

1. 法国人谢满禄于 1882 年前后拍摄的断桥残雪
2. 汇芳书院断桥残雪遗址现状

1. 汇芳书院遗址现存的太湖石
2. 位于北京大学内的原断桥残雪石牌坊

　　汇芳书院现今仍保持着刚遭劫难的样子，由于时间过长，建筑基址已经被泥土覆盖，东南部问津旧址仍存有大量造型精美的太湖石。断桥残雪石牌坊在 20 世纪初被载涛搬运至其花园——朗润园，后被淹没在花园内，2012 年，北京大学翻修朗润园旧址，在河道内发现了断桥残雪石牌坊，但断桥残雪石牌坊并未回归圆明园，而是被立在了北京大学内。

多稼如云

多稼如云，圆明园四十景之一，位于汇芳书院东北面。占地面积 1050 平方米。

多稼如云建于雍正年间，初名观稼轩。这里种有大量荷花，乾隆皇帝曾多次与其母崇庆皇太后在此进膳，观赏荷花。有时还率文武大臣与皇子、皇孙来此欣赏荷花，并留有多首诗篇。嘉庆皇帝在刚刚登基时，曾被赐居在此，嘉庆皇帝也十分喜欢这里，曾留有"十亩池塘万柄莲"的诗句。

多稼如云景区分南北两部分，南面是荷花池，北面为一组两进院落，前殿三间，外檐悬挂乾隆御书"芰荷香"匾，此处是欣赏荷花最佳之处；后殿为正殿五间，坐北朝南，外檐悬挂有乾隆御书"多稼如云"铜字匾，殿内还设有宝座，此殿是帝后欣赏荷花时休息的场所。

一

多稼如云芰荷香

霁蓝描金御题莲诗粉彩堆荷花连仿紫檀木釉座大壁瓶，原为圆明园多稼如云芰荷香所悬壁瓶

—
圆明园内的荷花

多稼如云现遗址已无法寻找，但山形水系尚可看出，今后条件合适尚可恢复昔日景观。

日天琳宇

日天琳宇，圆明园四十景之一，位于武陵春色西北部。占地面积 1.7 万平方米。

日天琳宇雍正年间就已建成，最初叫佛楼，乾隆九年（1744）才改称日天琳宇。

日天琳宇为一座大型皇家寺院，分西、中、东三部分。西边为并排两组佛楼，两座佛楼后都各建有后罩楼，前后楼由穿堂楼相连接，正面作不对称处理。偏西的佛楼楼下殿内悬挂乾隆御书"日天琳宇"匾，楼上供奉玉皇大帝，在楼的西南边为一转角楼，是座太岁坛。偏东的佛楼外檐悬雍正御书"极乐世界"匾，楼上供奉关帝。两座佛楼都供有众多佛像及大量手抄经文等，二楼规制皆是仿照雍和宫建造。

在佛楼东面建有供奉龙王的龙王庙，山门悬挂有雍正御书"瑞应宫"匾，在乾隆五十三年（1788），瑞应宫内又添建了雷神殿，殿内供奉雷神一尊。

日天琳宇在雍、乾时期每年正月初九玉皇大帝生日或正月十五上元节都要举行大规模宗教活动，皇帝每次都要亲自来磕头、上香。

一

日天琳宇局部

日天琳宇遗址残迹

一

日天琳宇遗址现状

日天琳宇极乐世界畅厅建筑基址尚可辨认，瑞应宫的夹杆石至今尚存，东面的水闸遗址也保存完好。建筑基址在 2012 年进行过清理，现已对游人开放。

濂溪乐处

濂溪乐处，圆明园四十景之一。占地面积 2 万平方米，是圆明园较大的景区。

濂溪乐处也称慎修思永，雍正年间就已修成。濂溪乐处是圆明园诸景中比较有特点的一个景区，全园中心是一个被湖面和小溪所围绕的大岛，岛略偏西北，留出东南水面广种荷花，湖四周被山团团围住，整个景区山水连成一片。

岛上主体建筑为一座三卷九间卷棚歇山大殿，大殿外檐悬挂"慎修思永"匾，内檐悬挂"濂溪乐处"匾，二匾皆为乾隆御笔。殿内设有宝座，后殿内有西暖阁，殿内建有仙楼，有楼梯可以自由上下，楼上建有佛堂。慎修思永殿还建有小型西洋戏台及西洋塔，乾隆皇帝经常来此喝茶听戏。慎修思永殿北为知过堂，堂内墙壁上挂《知过论》，后殿还设有自鸣钟一对。

在慎修思永殿东南水面上有一组方形水上回廊，有房三十七间，北回廊中有敞榭三间，檐下悬挂雍正御书"香雪廊"匾，回廊折东是荷香亭，为乾隆赐名。回廊南建有敞厅五间，檐下挂匾曰"芰荷深处"。帝后可以在此从多个方向和角度观赏荷花池景色。

濂溪乐处岛南边乾隆时期建有花神庙一座，正名曰"汇万总春之庙"。各殿皆为卷棚悬山顶。花神庙仿杭州西湖花神庙而建，正殿内供奉有花神牌位。每年定期，皇帝、皇后都要到此拈香。

在花神庙东北，乾隆四十九年（1784）添建石航一座，并赐名"宝莲航"。

咸丰十年（1860）英法联军毁圆明园，但濂溪乐处景区内的慎修思永及知过堂两殿逃过一劫，没有被毁。光绪年间还曾进行了少量修补。近年来还发现了慎修思永及知过堂未焚毁前的老照片。到了 1900 年八国联军入侵北京，慎修思永及知过堂两殿彻底毁于战乱。

—

濂溪乐处局部

—

法国人谢满禄于 1882 年拍摄的濂溪乐处慎修思永殿

—

法国人谢满禄于 1882 年拍摄的知过堂

1
─
2

1. 出土于花神庙遗址，现存圆明园展览馆内的乾隆御书"汇万总春之庙"石匾
2. 濂溪乐处香雪廊木桩残迹

　　1882 年法国人谢满禄曾经用相机拍摄了慎修思永及知过堂两殿珍贵的照片。从照片上可见慎修思永殿面阔九间，前后抱厦各五间，气势磅礴，在清代诸皇家园林中也属罕见。濂溪乐处于 1900 年被破坏后一直处于无人管理状态，建筑地基一直深深地埋在地下，原临水方形水上回廊木桩裸露地面，整个建筑基址在 2012 年进行过全面清理，现已对游人开放。花神庙则被英法联军彻底焚毁，花神庙遗址在 2012 年进行过清理，挖掘出了"汇万总春之庙"石匾。此遗址现已对游人开放。

水木明瑟

水木明瑟，圆明园四十景之一，位于濂溪乐处东南。

水木明瑟景区正好建在中部水道中段，雍正时期就已建成，起初叫耕织轩。雍正皇帝曾有"轩亭开面面，原隰对畇畇。禾稼迎窗绿，桑麻窣地新。檐星窥织火，渠水界田畛"的诗句。水木明瑟主体建筑临溪而建，名叫丰乐轩，在丰乐轩北为知耕织和濯鳞沼殿，丰乐轩东北即著名的水木明瑟殿。水木明瑟殿又俗称风扇房，清帝将水引入殿宇，模仿西洋水法，利用水力推动风扇，既图凉快，又有水声，在炎热的夏天这里一直是帝后避暑的好地方。在水木明瑟殿旁原立有一块太湖石，石上刻有乾隆九年（1744）御制词："林瑟瑟，水泠泠。溪风群籁动，山鸟一声鸣。斯时斯景谁图得，非色非空吟不成。"此石在圆明园被毁七十多年后被移到颐和园，至今仍矗立在颐和园仁寿殿前。

1 | 2
3

1. 现存圆明园内的原水木明瑟太湖石
2. 太湖石上刻的乾隆御制词
3. 乾隆御制词拓片

—
水木明瑟南面临水建筑基址

水木明瑟南面临水建筑基址在 2012 年进行过全面清理，现已对游人开放。

澹泊宁静

澹泊宁静，圆明园四十景之一。

澹泊宁静又称田字房。雍正初年就已建成。主体建筑是一个田字殿，四面均可欣赏风景。殿北面是一片水田，文源阁修好后可北望文源阁，南面是平静的小湖，东面为一片松林，而向西可欣赏映水兰香景区。澹泊宁静是帝后在圆明园西北部的一处主要的寝宫，殿内设有宝座，北面还安设有床，乾隆皇帝在西北部游览或在文源阁读书累了，很喜欢在此休息并进膳。在澹泊宁静东还建有翠扶楼，楼西有藤萝架与澹泊宁静对映成趣。

澹泊宁静景区周边环境十分幽美，再加之田字形的独特建筑，一直是清帝喜爱的场所。

勅臣唐岱臣沈源恭畫

2

1. 考古挖掘出的澹泊宁静地基和台阶遗址
2. 考古挖掘出的澹泊宁静地基遗址

澹泊宁静田字殿

2020 年起，北京市文物局组织北京市考古研究院、圆明园管理处、北京大学考古文博学院等单位对澹泊宁静遗址进行了考古发掘工作。挖出澹泊宁静的主体建筑田字殿建筑基址，明确了其布局、形制和工程做法。田字殿建筑基址保存尚好，台基保存高约 0.55 米，局部残存虎皮石陡板、阶条石；台基面上可见柱顶石、铺地方砖、排水沟；台基外围可见如意踏跺、卵石散水和道路。根据考古发掘，可见田字殿台基表面、天井、道路多处经火烧过，地面发红，铺地方砖、石板龟裂。这可能是由于 1860 年烧毁圆明园的大火持续时间长、火势猛烈造成的。澹泊宁静考古遗址已经回填，周边山形水系已经基本恢复原貌。

映水兰香

映水兰香，圆明园四十景之一，位于澹泊宁静西边。

映水兰香初名多稼轩，雍正时期就已经建成。映水兰香与东面的澹泊宁静形成了鲜明对照。澹泊宁静建造在平地上，单体建筑较大，但四周十分平坦，并无其他建筑，而映水兰香则是沟壑纵横，单体建筑都较小，且参差不齐。景区内还立有大量叠石，给人一种很强烈的对比。

映水兰香景区正殿南向，殿前外檐悬挂雍正御书"多稼轩"匾，多稼轩内原藏有元代程棨摹绘宋代楼璹《耕织图》长卷21幅、《蚕织图》24幅，在多稼轩内墙壁上还画有犁、耙、耧车、碌碡、锄、水车、连耞等农具图。

在多稼轩东南是一片稻田，清朝皇帝经常在此下地干活，稻田旁边还建有观稼轩，是清朝皇帝观稼之所。

在多稼轩旁有一个小景点，正殿悬挂有乾隆御书"水晶域"匾。乾隆之所以将此景命为水晶域，是因为乾隆自幼就非常欣赏元代著名书法家赵孟頫，赵孟頫自号水晶宫道人，乾隆便将此处以赵孟頫的号命名。水晶域殿旁堆有大量叠石，还有小溪从中穿流。乾隆与嘉庆都非常喜欢这里，留有多首诗句。

映水兰香局部

1. 映水兰香水晶域遗址上的叠石
2. 映水兰香建筑基址

一
映水兰香叠石现状

映水兰香建筑基址在 2012 年进行过全面清理，现已对游人开放。在原水晶域景区附近，今仍可看到大量假山叠石。

文源阁

文源阁地处圆明园中北部，占地面积1.6万平方米，是圆明园最大的藏书楼。

文源阁地址最初为水木明瑟北部的一片稻田，雍正时还建有一座四达亭，到乾隆四十年（1775）乾隆下旨在此仿照浙江宁波范氏天一阁修建了文源阁。文源阁内藏有《古今图书集成》一部万卷，《四库全书》一部八万卷。《古今图书集成》是康熙时编纂的一部大型图书，耗时十年。而《四库全书》是于乾隆三十八年（1773）开始编纂，到四十七年（1782）才宣告编纂完毕，也历时十年，全书分经、史、子、集四大部分，故称"四库"，该书共抄写七部，分藏于北京紫禁城文渊阁、圆明园文源阁、承德避暑山庄文津阁、沈阳故宫文溯阁、扬州文汇阁、镇江文宗阁和杭州文澜阁，其中文渊阁、文源阁、文津阁、文溯阁四阁合称"内廷四阁"。

文源阁是一个独立的院落，坐北朝南，阁在院落的最北面，阁顶用黑琉璃瓦，黑为水的象征，水能克火。文源阁外观两层实际三层，中间夹层以便收藏书籍，楼外悬挂乾隆御书"文源阁"黑漆铜字匾。阁

文源阁复原图

内设有书桌，供皇帝来此读书之用。文源阁阁前月台上设有铜鹿、铜鼎各一对，在阁的东面还有一座碑亭，亭内立有乾隆三十九年（1774）乾隆御书《文源阁记》碑。碑文主要记录了文源阁建造的目的、意义。

在文源阁前有一水池，水池中竖有一块巨型湖石，名曰"玲峰"。此石产于北京房山，玲珑剔透，孔穴甚多，比宋代著名书法家米芾家的奇石八十一穴异石还要多。石上刻有乾隆御题"玲峰"二字，石四周还刻有彭元瑞、曹文埴等大臣的诗咏。此石在圆明园被焚毁后一直保存完好，后在民国年间因几伙土匪强夺此石，最后被炸为数段，今仍躺在原址。

在水池的南面为一大片由太湖石堆成的假山，在假山西面有一四方亭，名叫趣亭。东面与其相对的地方筑有一平台，平台上竖有乾隆御书"月台"二字，假山与趣亭、月台形式都是仿照承德避暑山庄文津阁修建。

在文源阁西北还有一个石牌坊，名曰柳浪闻莺，为园内仿西湖十景之一，是一处被大片稻田包围着的小景点，其西面即皇帝赏荷的芰荷香。

柳浪闻莺的标志性建筑除了一座南北走向的小桥外，就是乾隆二十八年树立的石牌坊了，牌坊坊楣上乾隆皇帝御制诗云："十景西湖名早传，御园柳浪亦称斿。

一
文源阁的姐妹楼
——承德避暑山
庄文津阁

—
北京大学内的
柳浪闻莺石牌坊柱

栗留叽喳无端听，讶似清波门那边。""清波门"即杭州西湖柳浪闻莺一景所在地之旧称。圆明园柳浪闻莺与西湖原景自然风光有一点点相近，乾隆皇帝把对圆明园柳浪闻莺一景的特别理解融入了诗文，将圆明园的稻涛麦香与西湖的柳浪花香暗自对比。

柳浪闻莺石牌坊坊楣尚存，一度流落至朗润园，朗润园荒废后，牌坊坊楣和石屏风等构件就被废弃在朗润园内水池中。1977 年，石屏风和柳浪闻莺坊楣被圆明园管理处从北京大学内搬回圆明园遗址归位。2012 年美国斯坦福大学捐资建设朗润园 160 号（北京大学斯坦福中心）。施工过程中，断桥残雪石牌坊和柳浪闻莺石牌坊柱出土，现被北京大学分别立在朗润园和镜春园内。

1.《四库全书》
2. 文源阁旧藏《四库全书》

1
—
2

1. 二十世纪二十年代，还在原址上的《文源阁记》碑
2. 被炸成数段的玲峰石

1
———
2
———
3

1. 保定动物园内的
原文源阁假山石
2. 保定动物园内的
原文源阁假山石
3. 文源阁遗址现状

1｜2
3

1.《文源阁记》碑
2.《文源阁记》碑局部
3.玲峰石上的乾隆御笔

　　文源阁在被英法联军焚毁后，玲峰石及南面太湖石尚存，后玲峰石被土匪炸成数段，太湖石也在二十世纪二十年代被军阀曹锟派人盗运十余车，运往河北保定为其修建巡阅使署花园了。今天如果我们去保定动物园，在动物园内的猴山、鹰山看到的大片太湖石均是曹锟当年从文源阁盗运的。文源阁建筑基址在 2012 年进行过全面清理，现已对游人开放。

鱼跃鸢飞

鱼跃鸢飞，圆明园四十景之一。位于圆明园北区中部，它的北面不远处就是圆明园大北门。

鱼跃鸢飞建于雍正时期，此地是清帝欣赏圆明园北部景区及四周田园风光的绝佳场所。主体建筑为二层楼阁，建筑很大，为两层四坡攒尖楼阁，一层四面开门，南门外檐悬雍正御书"鱼跃鸢飞"匾。一层殿内有床，殿内有楼梯可上二楼。由于圆明园北部其他景区修建得都相对较矮，鱼跃鸢飞犹如一个庞然大物，二层四壁窗子打开，皇帝坐在里面，向北可望圆明园墙外民情，向西可望西山风景，向南或向东望可欣赏到圆明园秀美的风光。另外，清帝每次外出打猎，都要在此殿休息，打猎归来有时还要在此殿院内察看打猎的战利品。

鱼跃鸢飞殿外由竹篱、游廊和围墙分隔成大小不同的空间。相互通透的三个院子，一道小溪从院内穿过，使得整个院落显得很有灵气。

鱼跃鸢飞殿北不远即大北门，又称北楼门，圆明园内种田的农夫及各类闲杂人员进出圆明园都要走此门。

鱼跃鸢飞景区内的乡村景象

1. 鱼跃鸢飞北面的圆明园大北门
2. 圆明园大北门现状

1. 法国人谢满禄 1882 年拍摄的鱼跃鸢飞大殿，此时的大殿基本保存完好
2. 鱼跃鸢飞遗址现状

　　鱼跃鸢飞大殿在咸丰十年（1860）英法联军焚毁圆明园时被保留了下来，直到 1900 年，八国联军入侵北京时才毁于战乱。1882 年法国人谢满禄曾经用相机拍摄了鱼跃鸢飞大殿旧影，从照片上可见其基本保存完好。此景区目前尚未进行考古挖掘，其北部的大门遗址也清晰可见。

西峰秀色

西峰秀色，圆明园四十景之一，位于鱼跃鸢飞以南。占地面积1万平方米。

西峰秀色，雍正时期就已建成，是一个四周环水的小岛。

西峰秀色是圆明园内皇帝的主要寝宫之一，雍正皇帝就十分喜欢在此居住，乾隆皇帝也多次来此拈香进膳。西峰秀色占地面积虽然不大，但是景区内容十分丰富。景区的入口位于岛的东南部，是一个木栅栏搭成的小门。过小门后是一个架有藤萝架的小院，正房檐下悬挂雍正御书"自得轩"匾。自得轩西院是一个独立的小院，名叫一堂和气。室内设有宝座和床。一堂和气院的西院就是西峰秀色的正殿，该殿为五间三卷大殿，外檐悬挂雍正御书"含韵斋"匾，是清帝在西峰秀色的寝宫。含韵斋四周修有回廊，回廊四周种植有大量玉兰，这里是圆明园欣赏玉兰花最佳的地方。含韵斋西是一座临河敞厅，外檐悬挂雍正御书"西峰秀色"匾。从敞厅西望，隔水是一座小型瀑布，乾隆赐名"小匡庐"，山体是由巨石叠成，坐在东面的敞厅里欣赏瀑布，仿佛就置于庐山瀑布前。雍正年间，每年七夕雍正皇帝就接后妃来此乞巧，戏赏银河边上牛郎织女相会的情景。在小匡庐的中部，原还有一个巨大的洞府叫三仙洞，洞门朝西，有汉白玉石门，洞内可以容下两百人。圆明园被焚毁后，此洞一直保存完好，抗战期间还有附近村民来此洞避难，现在此洞已塌，但整个小匡庐的山形基本保存完好。

在西峰秀色岛的北面还建有一座过河敞厅，此敞厅早期为木盖板桥，乾隆中期将木板桥改建过河敞厅，名叫花港观鱼，仿自杭州西湖十景之一的花港观鱼。站在敞厅上可欣赏湖中的莲花及各种观赏鱼。圆明园中仿建的花港观鱼除了赏鱼观鱼相似外，其他和西湖原景几乎无相似之处，属于写意化的仿建。

在花港观鱼过河敞厅西有一个小岛，岛上怪石嶙峋，种植了五棵青松，远远望去很像一座大盆景。在岛的东头立有一块碑石，上刻乾隆御书"长青洲"三字。

1
—
2

1. 西峰秀色小匡庐瀑布
2. 小匡庐瀑布现状

小匡庐瀑布水槽遗址

乾隆御笔"长青洲"石刻

长青洲岛现状

　　西峰秀色岛上的建筑在英法联军入侵时全部被毁，但西边的小匡庐及北边的长青洲基本保存完好，长青洲整个小岛与盛世时无异，岛东头的乾隆御笔"长青洲"至今仍矗立在岛上，这也是整个圆明园唯一一处没有被破坏的乾隆御笔。此景区在 2012 年进行过全面清理，现已对游人开放。

北远山村

北远山村，圆明园四十景之一，位于鱼跃鸢飞东面。占地面积1.3万平方米，雍正时期就已建成为一处模仿渔村农舍的田野园景。

北远山村地处圆明园最北部，它没有任何建造精美的殿堂，修得很简单朴实，建筑分布在河的两岸，就像农村一样。皇帝如果因为国事太劳累或心情不好的时候，就可以来到这里住几天，感受一下乡村生活，扶一扶犁，品尝一下耕种的滋味。

北远山村建筑分布在河的南北两岸，入此景要由东南的水关进入，水关上嵌有乾隆御书"北远山村"石匾，进入水关后便是一座座低矮的农家小院，这里很多院内都种有桑树，北远山村是园内主要养蚕之地。北远山村的主体建筑是一座五间两卷前出抱厦的大殿，名为课农轩。此殿在雍、乾时期只是一处临水建筑，在嘉庆二十二年（1817）改建成大殿。在课农轩西边为一个小型庙宇叫观音庵，在观音庵西南还建有一个小凉亭，名曰观澜亭。坐在观澜亭内向东望可以欣赏北远山村全部的乡村景色，向西望可远观西峰秀色景区。课农轩东在乾隆时期建有正房三间，外檐悬挂乾隆御书"绘雨精舍"匾，又称绘雨山房，此建筑与江苏栖霞山春雨山房很相似。

北远山村因为地处圆明园最北部，较为僻远，1860年英法联军并没有到此，北远山村也仅是被附近土匪破坏了一小部分，主体建筑"课农轩""观音庵"等都被保留了下来，在光绪二十二年（1896）、二十四年（1898）还进行过修缮，光绪二十六年（1900）彻底毁于战乱。

1

2

1. 课农轩烫样
2. 北远山村观音庵

1. 法国人谢满禄 1882 年拍摄的北远山村景区的课农轩大殿
2. 北远山村遗址现状

1882 年法国人谢满禄曾经用相机拍摄了北远山村建筑旧影，从照片上可见，"课农轩""观音庵"等建筑此时保存完好。此景区尚未进行考古挖掘，地面只尚存几段残墙。北远山村离圆明园遗址公园各门都较远，前去探寻时要注意安全。

四宜书屋

四宜书屋，圆明园四十景之一，位于北远山村东南。占地面积 2500 平方米。

四宜书屋初名春宇舒和，雍正时期就已建成。乾隆二十年（1755）春宇舒和夏馆含清楼失火焚毁，乾隆二十七年（1762）仿照浙江海宁安澜园重建，乾隆二十九年（1764）定名安澜园。

乾隆二十七年，乾隆皇帝第三次南巡来到盐官巡阅海塘，首次驻跸钱塘江畔的陈氏花园，一下子被这座花园的独特环境所吸引，皇帝"喜其结构致佳"，御赐园名"安澜园"。所谓"安澜"即"安水"之意，乾隆希望四海之内能够永享河清海晏，不再有任何水患。自从首次驻跸之后，第四、五、六次南巡路过盐官时均驻跸安澜园。乾隆四十九年（1784）最后一次驻跸时乾隆皇帝写道："一溪春水柔，溪阁向曾修。月镜悬檐角，古芸披穿头。去来三日驻，新旧五言留。六度南巡止，他年梦寐游。"时年七十四岁的乾隆，尚写不尽依依之情。

乾隆皇帝第三次南巡回京后，就命人按照海宁陈氏花园在圆明园内仿建。陆续建成四宜书屋、无边风月之阁、飞睇亭、绿帷舫、远秀山房、葄经馆、山影楼、烟月清真楼、染霞楼、采芳洲、引凉小楼、涵秋堂、挹香室、涵雅斋、得趣书屋、云涛亭等景点。四宜书屋景区山环水抱，林木葱笼，奇花异草，香气馥郁，是一个小巧玲珑的书斋园林。除临水而建的涵秋堂外，其他建筑均为三开间以下的单卷小房，组成了多组曲折多变，错落穿插的小院。乾隆在诗中赞美四宜书屋"春宜花、夏宜风、秋宜月、冬宜雪"，后又说这里宜读书、宜抚琴、宜焚香、宜烹茶。在四宜书屋殿内还收藏有《重刻淳化阁贴》及《西洋楼铜版图》各一套，在四宜书屋殿东的小院中，堆有大量假山，假山上建有依照杭州西湖龙井龙泓亭建造的飞睇亭。另外，在四宜书屋东南还建有四座圆明园内最大的船坞，当年圆明园鼎盛时期，皇帝乘坐的蓬岛游龙、皇后乘坐的翔凤艇等大型游船都停靠在这里。

一
四宜书屋南水闸遗址现状

四宜书屋遗址现状

四宜书屋在 1860 年被毁，但四座大船坞幸存了下来，同治年间被拆毁用于修缮其他景点，现大船坞遗址尚存，四宜书屋内还有少量假山石至今仍堆在遗址上。

若帆之阁

若帆之阁又称耕云堂，位于圆明园大北门东南方向。北靠内层园墙，西南与北远山村相望，是一个倚山面溪小型风景园林，连同东侧武圣祠建筑面积约 1500 平方米。

若帆之阁一景非圆明园四十景之一，是乾隆二十九年（1764）新添建的。乾隆御书"若帆之阁""耕云堂""爽籁居""湛虚翠轩""碧澜亭""御风泠然""平临天镜"七张匾文。

若帆之阁分东西两个部分，西部是若帆之阁，东部为武圣祠。

主体建筑若帆之阁为面宽三间的方形二层殿阁，外檐悬挂乾隆御书"若帆之阁"匾，乾隆《若帆之阁》诗句云"水裔高楼拟若帆"。若帆之阁西北有游廊通往安止楼，西南有一座四方亭碧澜亭，乾隆《碧澜亭》诗云："池亭绤几对南薰，轻拂波光练影分。"

在若帆之阁东偏，就是耕云堂，此堂筑于假山之上，是清朝皇帝登高阅视园外农稼之处。殿内设有床铺，可供休憩。乾隆《耕云堂》诗云："山堂临园墙，墙外

一
若帆之阁遗址叠石

田近阅。弄田园中多，莫如此亲切。园中属官物，墙外私垦别。当官与治私，尽力殊勤拙。"并跋曰："墙内公田不如墙外私田耕垦之善，此亦人情，非可以法制禁令治之也。"

耕云堂之东是湛虚翠轩，轩前东偏是座石桥，该桥之东西两侧分别镌刻"漾月"和"漪澜"二匾。乾隆《湛虚翠轩》诗云："四面窗棂弗纸糊，延清襟惹绿阴铺。一泓碧水阶前俯，心所澄然得似乎。"

在湛虚翠轩东面就是武圣祠，院内三间正殿供奉关帝，外檐悬"威灵护佑"匾。武圣祠建造得较早，在雍正时期就已经建成。雍正十二年（1734）四月传旨："北门关帝庙西边小一间，著供土地。"乾隆八年（1743）传旨："北门内土地庙，花瓶著买纸金花供上，每于年节换新。"可见武圣祠西侧曾经建有一座小土地庙。武圣祠是园内最重要的一座关帝庙，清帝经常来此拈香。

若帆之阁由于地处偏僻，1860年英法联军焚毁圆明园并没有到此，耕云堂等建筑幸存，1900年毁于八国联军战乱。在法国枫丹白露宫内有一个玉雕大盘及2010年北京匡时秋拍的一对御制铜胎掐丝珐琅童子都有"耕云堂"的标签，应该都是若帆之阁旧藏。

1
—————
2 | 3

1. 武圣祠夹杆石遗迹
2. 东武圣祠遗址现状
3. 若帆之阁遗址现状

若帆之阁遗址地处偏僻又尚未进行考古挖掘，不建议前往寻古。现遗址上还有大量叠石。原武圣祠前的夹杆石尚存原址。

廓然大公

廓然大公，圆明园四十景之一。占地面积5万平方米，是园内较大的景区。

廓然大公是圆明园较早建成的一个景区，康熙年间圆明园还是皇四子赐园的时候就已经建成，初名深柳读书堂，乾隆时称廓然大公，又称双鹤斋。在乾隆二十年（1755）对廓然大公进行了改建，景致仿无锡惠山寄畅园，而叠石则是模仿盘山静寄山庄。

在廓然大公南有一个小广场，广场上建有鹤棚，周围还种植了大量松树，鹤棚是仙鹤栖息之所。往北即廓然大公主景区，整个景区围湖而修，西、北、东建有院墙，南面则是由双鹤斋及廓然大公殿围成一个庭院。双鹤斋是一座五开间卷棚抱厦大殿，这里一直是雍正皇帝在圆明园居住的主要寝宫之一。双鹤斋北为廓然大公殿，是一座七开间大殿，北有抱厦面向湖面，东西各引出临水游廊。廓然大公殿西为一廊桥，桥廊悬挂乾隆御书"规月桥"匾，为了便于皇帝直接乘船进入景区，桥的拱很大。过桥即到西岸的澹存斋，再往北为静嘉轩，静嘉轩前有月台并设有码头，皇帝可乘船直接进入廓然大公景区到此码头上岸。静嘉轩的东面堆有大量叠石，叠石之上建有四方亭，名曰采芝径，在采芝径亭内还

廓然大公烫样

供奉有吕祖。亭南建有爬山廊，可拾级而上。采芝径西面是垂直的峭壁，还有泉水
跌落。廓然大公景区北部也堆有大量叠石，叠石中还有迂回的山洞，山洞上镶嵌有
乾隆皇帝御书"延青洞"。假山上建有游廊及各种形式的凉亭，彼此衬托，站在假
山上可远望福海。廓然大公规模宏大，气势磅礴，是圆明园内叠石最丰富的景区之一。

　　廓然大公由于地处偏僻，林木茂盛，东、西、北又都有山脉环抱，所以1860
年此景区并没有被破坏，完整地保留了下来，光绪皇帝和慈禧太后还曾多次到这里
游览并在此用膳。美国康奈尔大学还收藏有三张廓然大公景区的建筑未毁前的照片，
十分珍贵。可惜到光绪二十六年（1900），八国联军入侵北京，圆明园由于处于无
人管理状态，廓然大公残存的建筑被周边土匪拆毁。

$\dfrac{1}{2}$

1. 廓然大公假山山洞现状
2. 廓然大公假山现状

廓然大公局部

1
—
2

1. 康奈尔大学藏廓然大公旧照，从照片上可以看到静嘉轩、峭蒨居等建筑
2. 康奈尔大学藏廓然大公旧照

——
康奈尔大学藏规月桥旧照

　　廓然大公遗址在 2012 年进行过全面清理，现已对游人开放。此景区山形水系至今仍可看清，尚存有大量叠石，叠石中的山洞尚存，但因年代久远，叠石已有松动，建议不要攀爬。

方壶胜境

方壶胜境，圆明园四十景之一。占地面积 2 万平方米。

方壶胜境基本建于乾隆三年（1738），地址位于四宜书屋东部，整个景区建在福海东北角的港湾内，是以人们臆想中的仙山琼阁为题材而建造的。

整个建筑的平立面采用严格对称布局，由一个中轴线连着南北两个群组，南面的一组建筑修建在高大的汉白玉基座上，正殿为临湖二层楼宇，上层外檐悬挂"方壶胜境"铜镀金字匾，下层外檐悬挂"宜春殿"匾，方壶胜境殿楼下设有宝座，四周摆放有大量古董，楼上为佛楼，供有大小佛像一千多尊。方壶胜境殿前设有汉白玉护栏，东西各有游廊与临湖的三个亭子相连接。西边的亭子叫凝祥亭，东边的叫集瑞亭，此二亭屋顶形式与紫禁城角楼很相似。在两亭之间湖面高台之上建有四方凉亭一座，外檐悬挂乾隆御书"迎薰亭"铜镀金字匾，此亭的名称和形制与南海瀛台的迎薰亭基本相同，亭内设有宝座，乾隆皇帝喜欢在此纳凉观景，四周立铜鹿、铜鹤各两对。亭南设有台阶，平时可做码头，皇帝乘船由福海驶进方壶胜境景区就在此上岸。在迎薰亭北建有一座三孔石桥与北面的方壶胜境殿相连接，桥南北两端还各建有一座小型琉璃牌楼。

在方壶胜境殿后为六栋二层歇山楼阁，楼阁之间

有游廊相连接围成一个封闭空间，整体建筑坐落在高出地面三米左右的平台上。南部平台上摆有铜鹤、香炉和湖石。中间庭院内还种植有玉兰和苍松。游廊上部是露台，可自由穿行于两楼二层之间。南面的楼阁叫哕鸾殿，殿的规模与形式与方壶胜境殿相同，哕鸾殿楼下设有宝座，此殿为皇帝寝宫，殿内设有床，哕鸾殿楼上为佛堂，供有大小佛像近两百尊。

哕鸾殿后为琼华楼，"琼华楼"铜镀金字匾为乾隆御书，挂在楼外檐上。琼华楼比起前两座楼略小一些，楼内设有供帝后休息的床。楼上楼下供奉有大小佛像及佛塔近千尊。

在琼华楼东有一个独立的小院名叫蕊珠宫，小院建有正殿与东西配殿，正殿为三间南向，殿内设有暖阁，这里是帝后来方壶胜境游玩的主要寝宫。

另外在琼华楼北湖北岸还有一个小院落，乾隆起名叫天宇空明。这个院落在乾隆初年就已建成，在乾隆三十一年（1766）又进行了大规模的添建。前殿天宇空明坐北朝南，是正殿，后殿叫澄景堂与前殿有游廊相连接，殿内原收藏有乾隆《重刻淳化阁帖》和《西洋楼铜版图》各一套。在天宇空明殿前临湖还修有四方亭一座，亭内挂乾隆御书"圆翠"匾。

在方壶胜境以西还建有一个十分有意境的景区——三潭印月。三潭印月与西湖三潭印月同名，是圆明园仿建西湖十景之一。"三潭印月"是由佛语而来，据说："宗门有三印，谓印空、印水、印泥"。此景建于乾隆初年，在方壶胜境西池水中仿西湖竖立三座石塔，石塔高2.4米。在三塔西为青石叠成的二仙洞，洞口上有活水滴落，形成两个小水帘洞。在三塔东建有跨河敞榭，敞榭挂乾隆御书"三潭印月"黑漆金字匾，傍晚乾隆皇帝可在敞榭内欣赏三潭印月的景观。在敞榭东建有单孔石拱桥，乾隆赐名湧金桥。

三潭印月虽以西湖三潭印月同名，但除水中三座石塔外与西湖并没有太大相同之处，西湖的三潭石塔是在广阔的西湖中，而圆明园的三潭石塔并没有在与西湖更为相似的福海中，而是被收罗在一处半封闭的小水湾中。看似狭小的布局却丝毫不感觉拥挤，且层次感十分鲜明，很有一种皇家御苑的气派。此景北、西、南被土山围住，东为跨河敞榭，皇帝乘船从福海至此，湖面逐渐缩小，建筑从大到到小，层层深入，令人流连忘返。道光时期将跨河敞榭拆除，三潭印月景区从此大为逊色，英法联军焚毁圆明园后，三座石塔及湧金桥因为是石制材料所以没有被毁，1900年被土匪毁坏。

1. 三潭印月
2. 三潭印月遗址现状

方壶胜境局部

1. 从方壶胜境遗址清理出的螭首
2. 方壶胜境遗址现状

1
2 | 3

1. 从方壶胜境遗址远望西洋楼残迹
2. 现摆放在中国家图书馆老馆内的铜仙
鹤，疑为是当年从方壶胜境遗址搬来的
3. 乾隆御书"湧金桥"

　　方壶胜境遗址于 1998 年做过整理修补，现遗址上尚存有大量石刻构件，迎薰亭、琼华楼等建筑夯土地基尚存，东边蕊珠宫和北边的天宇空明二院地基由于早年被破坏得严重，今已很难看清，西边的三潭印月、石塔地基尚存，近年已归位复原。塔西的二仙洞至今保存完好。乾隆御书"湧金桥"石刻现在正觉寺内展览。方壶胜境石刻构件众多，整个遗址已经封闭管理，只能远观而无法靠近。

蓬岛瑶台

蓬岛瑶台，圆明园四十景之一。占地面积3500平方米。

蓬岛瑶台是位于福海中的三个岛，雍正时期就已建成，初名蓬莱洲。三岛仿李思训画意，为仙山琼阁之状，象征东海蓬莱、方丈、瀛洲三仙山。雍正修此三岛也是为了满足追求人间仙境，祈求长生不老的一种愿望。三岛位于福海中心，由两座木桥将三岛相连接，正中为大岛，约45米见方，岛上正殿叫蓬岛瑶台，殿内设有宝座并设有床，这里是皇帝的寝宫，乾隆帝曾多次在此传膳、休息。殿内还收藏有《重刻淳化阁帖》和《西洋楼铜版图》各一套。

蓬岛瑶台前殿为宫门三间，檐下悬挂乾隆御书"镜中阁"匾，顶部建有塔楼，这里是福海水面最高点，宫门前修有码头，帝后来蓬岛瑶台都是由此码头上岛的。宫门两边建有连房与正殿及其他殿宇相连接，蓬岛瑶台上建筑并不像其他地方那样东西对称。蓬岛瑶台西边为平台殿，帝后可在平台殿欣赏福海西岸及夕阳日落西山时的风光。东面为二层阁楼，檐下悬挂乾隆御书"畅襟楼"匾。畅襟楼下设有宝座，楼南游廊内还设有太湖石，踏踩云梯可上二楼，

日字蘭漵泛晚风涂
轻身倚淂采奁花
不玄夕夕是河夕
而尽玉光搞水光
蝉音清音重移
境荷無艷味祖真
鳥鷗汀鷥洪蒙
迴定間出渔影引
奠長

目指泾年之作

周鲲绘《林钟盛夏图》，表现的是福海和蓬岛瑶台东部

二二〇

站在二楼可远望福海东岸景观。

在蓬岛瑶台大岛的西北和东南还各有一个小岛，西北岛上建有太监值班房，皇帝经常来岛游览，御膳房、御茶房都设在此岛。东南岛上建有一座六方亭，岛上堆有大量山石，还立有很多御制刻石，雍正、乾隆、嘉庆、道光、咸丰五帝都有御制诗描写蓬岛瑶台景区，这在圆明园甚至整个清代皇家园林中也是不多见的。

福海在清朝每年端阳节都要举行龙舟竞渡，皇帝与皇太后分别在望瀛洲和蓬岛瑶台观赏龙舟竞渡。值得一提的是乾隆十八年（1753）乾隆皇帝曾特允葡萄牙使臣观看了竞渡。

福海还是每年七月十五中元节放河灯的地方，蓬岛瑶台码头就是帝后放河灯的主要地点。

咸丰十年（1860）英法联军入侵圆明园，当时正值夏秋交季，湖未结冰，事先又将所有船只转移或毁坏，英法联军无法登上蓬岛瑶台，所以蓬岛瑶台未被焚毁。但到了同治九年（1870）蓬岛瑶台却因为一次意外火灾被焚毁，当时正是因为蓬岛瑶台立于水中，一时又找不到船前去救火，只能眼睁睁地看着蓬岛瑶台被烧毁。

1985年清理东南岛时发现了道光御笔石刻，石刻上刻有道光三年（1823）御制《瀛海仙山》诗云："仙瀛偶访步层峦，半月高台夏亦寒。入望烟岚云外赏，凌虚楼阁画中看。穿林窈窕青松磴，护岸周遭白石栏。雨霁空明澄万象，畅观只觉水天宽。"此诗同年五月即刊刻于亭侧山石上。

一
蓬岛瑶台细节

1
2

1. 蓬岛瑶台三岛现状
2. 远望蓬岛瑶台三岛

1. 蓬岛瑶台东南岛六方亭现状
2. 中岛上的太湖石现状

现存正觉寺马首特展内的蓬岛瑶台遗址上出土的《瀛海仙山》诗石刻

《瀛海仙山》诗石刻拓片

　　蓬岛瑶台在同治年间被毁后一直荒无人烟，直到 1985 年圆明园管理处整修福海景区时才将其全面清理，
修复了西北岛上的太监值班房及东南岛上的六方亭。游人如想上岛寻古需乘船前往。道光御笔石刻《瀛海仙山》
诗石刻现在正觉寺内展览。

平湖秋月

平湖秋月，圆明园四十景之一，位于福海北岸。占地面积 2 万平方米。

平湖秋月与杭州西湖十景之一"平湖秋月"同名，是圆明园内仿西湖十景之一。圆明园中，除平湖秋月为雍正时期命名之外，其他九个景点均为乾隆帝命名，平湖秋月是圆明园中最早用西湖十景命名的景点。

平湖秋月在雍正时期就已经建成，正殿为三间大殿，檐下悬挂雍正御书"平湖秋月"匾，正殿北建有敞厅三间，外檐悬挂乾隆御书"花屿兰皋"匾，西北角有游廊与流水音亭相连接，殿前有临水敞厅三间，临水敞厅紧临水面，有"近水楼台先得月"的意境，坐在敞厅内可欣赏福海西岸与东岸的美丽景色，也是去暑纳凉的好地方。嘉庆十六年（1811）将平湖秋月正殿改为三卷式大殿。

在平湖秋月殿东面有一座吊桥，福海的大型游船都是从此口进入北面的大船坞停靠的。桥的东端高台之上建有一座重檐攒尖顶木亭，亭外悬挂乾隆御书"两峰插云"匾，乾隆五年（1740）九月在两峰插云亭上安玻璃两块，各长 54 厘米，宽 29 厘米。此景与杭州西湖"双峰插云"同名，是圆明园内仿西湖十景之一。每到重阳节，此处是帝后登高之处。

平湖秋月局部

1. 双峰插云
2. 康奈尔大学收藏赖阿芳在 1879 年拍摄的的两峰插云旧照

$$\frac{1}{2}$$

1. 双峰插云遗址现状
2. 复建的平湖秋月石桥

平湖秋月在被英法联军焚毁后，遗址一直埋在地下。1998 年圆明园管理处对遗址进行了清理，并修复了部分被毁的桥梁。平湖秋月殿及两峰插云均可找寻到建筑基址，现可步行前往福海北岸游览参观。

涵虚朗鉴

涵虚朗鉴，圆明园四十景之一，位于福海东北岸。占地面积 1.2 万平方米。

涵虚朗鉴建于乾隆初期。整个建筑坐东朝西，临湖岸建有平台，乾隆皇帝有词云"左右云堤纡委，千章层青，面前巨浸空澄，一泓净碧，日月出入，云霞卷舒，远山烟岚，近水楼阁"，说明这里是欣赏湖景、远眺西山晚霞的好地方。

涵虚朗鉴景区分南北两个景区，北面建有一座重檐四方亭，亭上悬挂乾隆御书"贻兰庭"匾，亭南建有平台，平台西设有栏杆，东建有月亮门可供进出，墙上还有各式什锦窗，平台南有会心不远殿与其相连接。

在会心不远殿南面湖建有一座西向临水的三间小轩，前出一卷抱厦，外檐悬挂"雷峰夕照"匾，内额为乾隆御书"涵虚朗鉴"匾。雷峰夕照与杭州西湖"雷峰夕照"同名，也是圆明园内仿西湖十景之一。圆明园雷峰夕照与西湖原景毫无相似之处，圆明园的雷峰夕照是一处用以观山凭眺的地方，并无任何佛塔借景，只是站在此处由福海西望，西山南北连绵，尽收山容水态。尤其是夕阳西下之时，更是美不胜收，不过此景只有"夕照"之景，并无"雷峰"之意。

1. 贻兰庭北部凉亭遗址现状
2. 贻兰庭月亮门遗址现状

雷峰夕照遗址现状

涵虚朗鉴被毁后遗址一直深埋在地下，1985 年整修福海时遗址被清理，在原北部景区平台上修建了游船码头，修复了平台以北的值房。雷峰夕照殿遗址至今仍可看清，平台月亮门残遗至今仍在原址上。

接秀山房

接秀山房，圆明园四十景之一，位于涵虚朗鉴以南。占地面积1.25万平方米。

接秀山房建于雍正时期。建筑形式与涵虚朗鉴很相似，都是沿岸布置，南北遥相呼应，使福海东岸景观显得十分和谐。

接秀山房殿为西向三间大殿，檐下悬挂雍正御书"接秀山房"匾。殿两端伸出游廊，将南面揽翠亭与北面的澄练楼完美地连接起来，加强了此景区建筑的整体感。

在接秀山房殿以南，原有一座独立的建筑，名叫观鱼跃。在嘉庆二十二年（1817）前后，拆除进行改建，建成南向三卷五间大殿。嘉庆御书"观澜堂"匾就挂在大殿檐下，新建成的观澜堂与九州清晏的慎德堂很相似，是福海沿岸最大的建筑。观澜堂装饰得十分华丽，整个宫殿房梁、柱子、门窗和室内家具都采用了珍贵的紫檀木，上面镶嵌了金、银以及珍珠、翡翠等珍贵宝石。东为佛堂，西设有宝座床可供皇帝休息，嘉庆、道光、咸丰三位皇帝都很喜欢居住在这里，并留有大量描写观澜堂的诗句。

1.接秀山房遗址现状
2.观澜堂遗址现状

—

接秀山房临水建筑基址

接秀山房在英法联军焚毁圆明园时并没有被完全毁坏,观澜堂等少数建筑幸存了下来,1900 年才被彻底毁坏。1985 年圆明园管理处整修福海时将接秀山房殿遗址及南部观澜堂遗址清理出来,并配有简单介绍。

别有洞天

别有洞天，圆明园四十景之一，位于福海东南角。占地面积 1.7 万平方米。

别有洞天雍正时期就已建成，初名秀清村。雍正信奉道教，这里曾经一度成为道士在圆明园中的炼丹之处。

别有洞天选址在一个僻静的角落里，四周被高山围抱，两山之间形成一个狭长的湖面，湖西建有城关，建筑则分布在湖的南北两侧。正殿别有洞天殿坐落在湖北岸，初为五间卷棚悬山顶殿宇，乾隆中前期改建成三卷五间大殿。在别有洞天殿西，于乾隆二十六年（1761）添建了一个回廊小院，院内放置有一个太湖石——青云片。青云片与万寿山乐寿堂院内青芝岫系姐妹石，都是当年明代书法家米万钟从房山采得的，本来想一起运到自己的勺园内，但因各种原因被扔在了良乡。乾隆从西陵祭祖后遇见此二石，命人将此二石运至西郊，大的被放置在清漪园（今颐和园），小的就放置在别有洞天时赏斋院内，并赐名"青云片"。

在时赏斋院湖对岸临湖还建有石舫一座，乾隆赐名"活画舫"。石舫内设有大小桌椅可供休息，舫内还挂有《入仙图》一幅。

别有洞天南岸在乾隆中后期及嘉庆时期屡有添建，变化较大。南岸亭台错落，环境幽雅，很适宜修身养性、读书写字，所以南岸建筑多以书斋为主，如写曙斋、染碧斋、写琴书屋、自达轩等。

一

别有洞天西水关

二四六

西域職貢贈威宵高麗
常異特許珠羅毛翠角圖
可愛與印威翟畧翠圖
鸞成禽乃言兩教鎮化萬
之領浦鳴淋添鎮鬱隨順
非者者乾中績及逾三年
小尾五年大花下開屏金
翠練修初賦日燒輝圍
眼凌風簡依飄眦筠膳
高屋繡孚製寵狀眉
籤插之即裙賓部虜
詡如慧簡弌年人蓋土
好等毅捲風人蕖
盈遠澌之瑞珠之揭
乾隆戊寅御題

1
—
2
—
3

1. 乾隆御书"青云片"
2. 现摆放在中山公园内的青云片太湖石
3. 石舫遗址现状

1. 别有洞天遗址现状
2. 别有洞天西水关遗址现状

　　别有洞天遗址在二十世纪八十年代中期开始进行发掘清理，基本恢复了山形水系，南岸的石舫基座也已归位。原时赏斋内的青云片连同基座在民国年间被运往中山公园，现在中山公园来今雨轩北。

夹镜鸣琴

夹镜鸣琴，圆明园四十景之一，位于福海南岸。占地面积 4000 平方米。

夹镜鸣琴雍正时期就已建成。夹镜鸣琴是依照李白诗句"两水夹明镜，双桥落采虹"的意境建造的。

夹镜鸣琴主体建筑是一座横跨在水上的重檐四坡攒尖顶桥亭，亭子上悬挂乾隆御书"夹镜鸣琴"匾，这里的"夹镜"是指桥北面的福海与桥南的内湖用桥相"夹"，而"鸣琴"则是指桥东面山坡上小瀑布跃落，冲激石罅，玲珑自鸣。在桥南建有聚远楼，是帝后到广育宫拈香休息之处。

在夹镜鸣琴亭东的小山坡上建有供奉碧霞元君的广育宫。碧霞元君为东岳大帝的女儿，民间称"娘娘"。皇帝在圆明园居住期间，每月初一、十五都有太监充当道士在此诵经。每到四月十八日碧霞元君的生日，皇帝及后妃甚至皇太后都要亲自来此拈香。

在广育宫东福海岸边还建有一座十字型亭，亭外檐悬挂乾隆御书"南屏晚钟"匾，此景与杭州西湖"南屏晚钟"同名，是圆明园仿西湖十景之一。但南屏晚钟无论是意境还是感觉都与西湖原景差距很大。唯一效法西湖的就是圆明园南屏晚钟选址在福海东南，与南屏山净慈寺同西湖的位置关系略为相似。

1. 夹镜鸣琴遗址现状
2. 广育宫南叠石残迹

1
—
2

1. 广育宫遗址现状
2. 广育宫遗址现状

夹镜鸣琴在被英法联军焚毁后仅存遗址，桥亭夯土地基至今仍可看到，广育宫遗址在 1998 年已经被清理，山门前的夹杆石至今仍立在原址上。

澡身浴德

澡身浴德,圆明园四十景之一,位于福海西岸。占地面积3万平方米。

澡身浴德雍正时期已建有少量建筑,乾隆初期基本建成此景。

澡身浴德景区有一组三幢临水建筑,主体建筑为一东向三间正殿,名叫澄虚榭。澄虚榭临湖建有平台,有石台阶深入水面,是帝后在福海游览或去蓬岛瑶台景区上下船的最佳地点。澄虚榭内还设有宝座及床,也是帝后在福海沿岸主要休息的地方。

在澄虚榭北高台上建有敞厅三间,敞厅内挂有乾隆御书"溪山罨画",此敞厅是欣赏福海东岸及南岸风景的最佳地点。

在溪山罨画敞厅北面还建有一组建筑,这组建筑建造时间较早,在圆明园还是雍亲王赐园时就已建成,原为西北部双鹤斋(廓然大公)一景,雍正赐名深柳读书堂。

深柳读书堂东修有游廊,游廊向南折向湖岸,在游廊尽头修有一座四方亭,亭内悬挂乾隆御书"望瀛洲"。此亭是清朝皇帝观看龙舟竞渡之处,每到端阳节,皇帝都要率王公大臣、皇室宗亲一起在此观看。望瀛洲亭旁还竖立有昆仑石碑一座,碑上刻有《望瀛洲》诗。

澄虚榭

1
—
2

1. 现存中国国家图书馆老馆院内的望瀛洲昆仑石碑正面
2. 现存中国国家图书馆老馆院内的望瀛洲昆仑石碑背面

1. 陈文波 1926 年前后在圆明园遗址上拍摄的望瀛洲昆仑石
2. 澡身浴德遗址现状

澡身浴德在被英法联军焚毁后地基尚存，1900 年后这里一直是农村，有大量居民在此居住。澄虚榭码头今仍可看到，但此处山形破坏较为严重，溪山罨画、深柳读书堂遗址已不可寻，望瀛洲昆仑石碑在民国年间被移到文津街北平图书馆院内，今仍保存在中国国家图书馆老馆一进门广场东侧。

坐石临流

坐石临流，圆明园四十景之一。占地面积 7 万平方米。

坐石临流景区规模很大，由西北部的兰亭、西南部的抱朴草堂、北部的舍卫城、东南部的同乐园及中部的买卖街五部分组成。

兰亭位于坐石临流景区西北部，最初是一座小型重檐亭，雍正时期就已建成，水从亭中穿过，初称流杯亭，是仿浙江绍兴古兰亭而建。乾隆四十四年（1779），乾隆皇帝收集到唐代虞世南、褚遂良、冯承素分别临摹的王羲之《兰亭序帖》，柳公权书《兰亭诗并后序帖》，明代戏鸿堂刻《柳书兰亭帖》、董其昌临《柳书兰亭帖》，乾隆又令大学士于敏中补《柳帖》之漫漶（缺笔）成一册，再加上乾隆自己临摹董其昌所仿《柳书兰亭帖》一册，合为《兰亭八柱之册》。乾隆皇帝下旨改建兰亭，改建的兰亭为八方重檐亭，柱为石柱，每柱刻有一帖，还在亭中竖立一座石碑，正面刻王羲之等文人雅士《兰亭修禊图》，背面刻乾隆御制诗四首。在石碑前还添置了青白石宝座床一座，亭内悬挂乾隆御书"坐石临流"匾。

在兰亭的南边还有一片房舍，称抱朴草堂，是乾隆皇帝依照承德狮子园草房改建而成，乾隆在诗

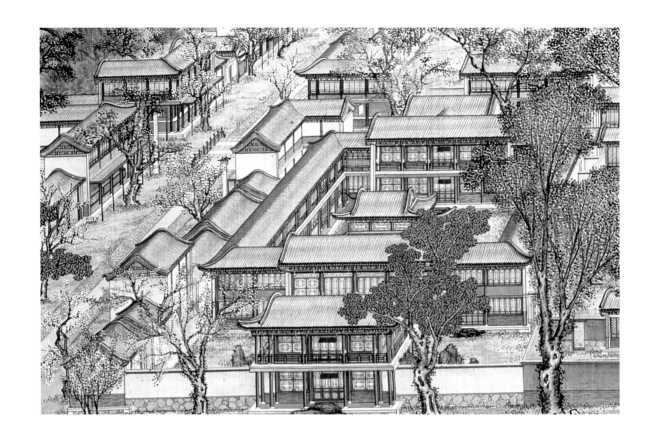

一
同乐园细节

中有云："抱朴草堂之构以皇考热河狮子园有草房，因仿效为之，用昭示俭深意。"

在抱朴草堂东面是圆明园内最大的戏台——清音阁。清音阁大戏台坐南朝北，分上、中、下三层，戏台一层底下设有地井，二层、三层有隔板相连，如剧目需要地井可喷水，二层和三层可相通，上下自如。清朝皇帝很喜欢听戏，每逢皇太后、帝后生辰时，这里都要唱九九大庆之戏，后妃生辰、上元节、端午节也要唱上几天的戏。直到圆明园被毁前的几个月里，这里仍然在唱戏。

在大戏台北面建有供帝后观戏的戏楼，上下两层，楼上外檐挂"同乐园"匾，每次演出时，皇帝坐在一楼，皇太后及皇后、嫔妃则坐在楼上看戏，戏楼两旁各建有二层转角配楼十四间，是王公大臣及皇室宗亲看戏之处，在乾隆、嘉庆时期这里只允许王公大臣及皇室宗亲听戏，到咸丰朝以后这里偶而也会让下级官员听戏。

同乐园观戏楼后还建有供帝后休息及进膳的后楼、配殿等。在同乐园观戏楼内还收藏有《重刻淳化阁帖》和《西洋楼铜版图》各一套。

同乐园观戏楼东还有一个四进院落，建于雍正时期，名叫永日堂，是一组大佛堂，佛堂内由太监充当僧人念经。

一
舍卫城细节

　　同乐园观戏楼西有一条十字交叉的街市，南北长210米，由中间的双桥分为北街与南街，这就是圆明园内著名的买卖街。在西郊清代皇家园林中，很多园子都建有买卖街，像香山静宜园买卖街在香山寺前，清漪园买卖街在北宫门内（今颐和园内苏州街）等，但最著名、最热闹的当属圆明园坐石临流景区内的买卖街了。这条买卖街看上去是一条普通的街道，中间有河流将街市一分为二，买卖街上店铺众多，有卖丝绸布匹的、卖瓷器古玩的、卖水果饮料的，日用百货一应俱全，只要京城市面上能看到的这里都有。每到同乐园有活动时，这些店铺就全都开张了，商人都是由太监、宫女打扮而成，货物都是从商人手中借的，如果在开市后货物被卖掉，则按官价付款给商人，如果没有卖掉，闭市后则要全部退还给商人。皇帝经常光顾这里，届时，皇帝着青衣戴小帽，打扮成老百姓的样子来街市上看看，看上好的东西也掏钱购买。到了道光、咸丰时期，第一次鸦片战争及太平天国运动搞得两位皇帝无心来此购物娱乐，买卖街也就逐渐荒废了。

　　在买卖街的正北，还建有一座大型城池式寺庙建筑——舍卫城。舍卫城俗称"佛城"，建于雍正时期，是依照印度乔萨罗国的都城建造的，舍卫城也是圆明园内唯一一座独立的城池，城四周建有厚实坚固的城墙和高大的门楼，墙上还有土兵站岗，

1
—
2

1. 法国人谢满禄于 1882 年前后拍摄的舍卫城大门，此时的舍卫城大门基本保存完好，雍正御笔"舍卫城"匾清晰可见，舍卫城大门前的牌楼夹杆石也还在原址上，这也是目前发现的仅存的一张拍摄于 1900 年以前的舍卫城照片
2. 雍正御书"舍卫城"石匾

沿城环绕有护城河。整个城池南北长 150 米，东西宽 110 米，占地面积 1.65 万平方米。舍卫城之所以如此戒备森严，就是因为舍卫城内收藏了大量清代从西藏、蒙古及外藩进贡的金佛像、珍贵法器、经文等，据说各类佛像有十万尊之多。全城建筑沿中轴线布置，由厅堂游廊组成三进院落，大小不同，主次分明。舍卫城南门正对买卖街，门前有三座四柱牌楼一座，过牌楼即是舍卫城南门，南门城关上嵌有雍正御书"舍卫城"匾，城关上建有三间城楼，名叫多宝阁，城内供有关公。

多宝阁后为山门，由南向北往后依次是寿国寿民殿、仁慈殿、普福宫，最北为舍卫城北城楼，乾隆御书"最胜阁"匾就挂在城楼上。

舍卫城在英法联军占领圆明园后，十万尊大小佛像及各种陈设及法器被洗劫一空，仅此一处的损失就是无法估量的。

舍衛城復原圖

1. 舍卫城南门附近遗址考古挖掘现场
2. 现存中山公园内之兰亭碑
3. 现存中山公园内之兰亭碑及八根石柱

　　坐石临流规模较大，英法联军并没有完全焚毁，买卖街等处还有部分建筑未焚毁，兰亭八柱基本保存完好。同治时还有计划重修清音阁大戏台，但未果。1910年兰亭碑及八根石柱被移到颐和园，后置于耶律楚材祠中。1915年，江朝宗致函溥仪内务府，请求拉运圆明园兰亭碑及山石，以供社稷坛开拓公园之用。其后，兰亭碑及八根石柱，分别于1917年前和1941年之后运至中山公园，并在绘影楼前建前厅三间，四出廊，作为陈列碑石之用。1971年，中山公园利用这八根石柱，建起了兰亭，同时也将原来的石碑置于亭中。今天，兰亭碑仍完好，字迹清晰，八根石柱上的帖虽有风化，但仍可辨读。

1. 曲水流殇水渠遗址现状
2. 2023 年经过加固后的舍卫城西城墙

坐石临流景区中高大的舍卫城城池被英法联军焚毁后，城墙尚保存完整，但后又经过一百多年的破坏，现只剩西、北、东三面城墙夯土了。清音阁大戏台及抱朴草堂建筑基址在 2012 年进行过局部清理，2017 年又对舍卫城南门附近遗址进行了局部考古挖掘，确定了城门的位置，考古遗址现已经回填。

曲
院
风
荷

曲院风荷，圆明园四十景之一，位于九州清晏景区东部。占地面积 5 万平方米。

曲院风荷与杭州西湖"曲院风荷"同名，是圆明园仿西湖十景之一，同时也是园内模仿西湖十景中占地面积最大的一处。曲院风荷分南北两部分，北部是一个小院，正殿五间，坐北朝南，檐下悬挂乾隆御书"曲院风荷"匾。曲院风荷地处福海与九州清晏之间，是一个过渡景点。在曲院风荷殿西建有一座两层小楼，楼内供有佛像，乾隆赐名洛伽胜境，"洛伽"又称"普陀落迦"，南海落迦实即东海普陀，为佛教四大名山之一，此楼就是照浙江定海普陀山仿建的。

曲院风荷殿前有一座桥亭，因桥内铺棕，所以俗称棕亭桥，过棕亭桥就是一个人工挖掘的大荷花池，湖面南北长 240 米，东西宽 80 米，中央是一座九孔石桥，东西各立有牌楼一座，西边牌楼题匾"金鳌"，东边牌楼题匾"玉蝀"，所以此桥又称金鳌玉蝀桥，此桥也是圆明园内最大的一座石桥。在桥东还建有一座上圆下方四方重檐亭，乾隆御书"饮练长虹"匾就挂在亭中。

在湖南岸建有船坞一座，船坞停靠着供帝后游览福海的大小船只，是圆明园内较大的几处船坞之一。

一
曲院风荷九孔石桥细节

1. 九孔石桥遗址现状
2. 曲院风荷大船坞遗址现状

曲院风荷遗址已于 2005 年进行了考古挖掘，大荷花池也已清理出来，九孔石桥及桥东饮练长虹亭遗址至今仍可看到。湖北岸的曲院风荷殿及湖南岸的大船坞也都进行了考古挖掘，地基清晰可见。

洞天深处

洞天深处，圆明园四十景之一，位于勤政亲贤以东。占地面积 2.8 万平方米。

洞天深处建筑分为东西两部分，东边为对称的四组建筑，是皇子们的住所，最初为四组院落，道光二十六年（1846）对东西所进行了大规模改建，将原有的四组院落改建成为两组，院前都设有垂花门。

在皇子们居住的院落东北角是宫廷画院，雍正赐名如意馆，像清朝著名的西洋宫廷画师郎世宁、王致诚、蒋友仁都曾在此供职。

在皇子们居住的院落西面有两个小岛，南岛上是一个南北二进小院，北边建筑匾曰"中天景物"，南边建筑匾曰"前垂天贶"，皆为雍正御书。此组建筑雍正时期就已经建成，是皇子们学习的地方，乾隆在后来到此曾回忆说到"予兄弟旧时读书舍也"，为此，在中天景物东屋还设有祭祀孔子的神龛，神龛上方挂乾隆御笔"斯文在兹"匾，两边对联分别是"道统集成归至德""圣功养正仰微言"。北岛正殿挂雍正御书"后天不老"匾，也是皇子们读书的书屋。但实际上到了咸丰年间，这里就已经没有皇子读书了，咸丰皇帝的皇子载淳（后来的同治皇帝）出生不久圆明园就被焚毁了，并没有在此读书。

在东四所南为福缘门，门内有太监值班房，门外有卫兵站岗。

芳潤軒

一
道光与皇子

澄心正性

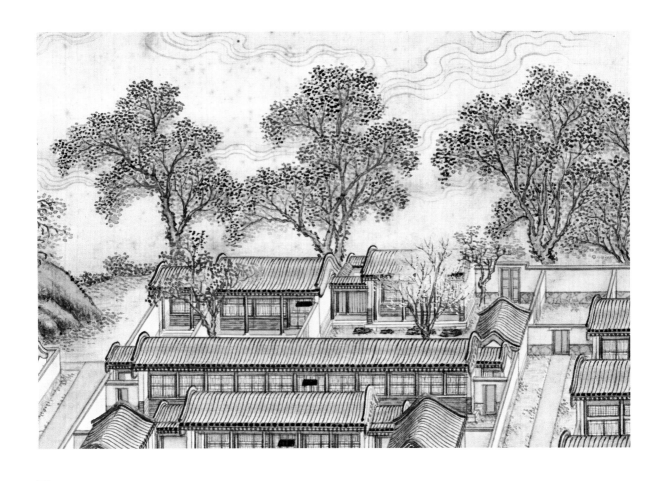

一
洞天深处宫廷画院——如意馆

一
郎世宁自画像

洞天深处遗址在 2002 年进行过考古挖掘，并进行了大规模绿化，地基经考古发掘后已回填，现尚能看出大致轮廓。福缘门在 1860 年英法联军及 1900 年庚子事件中都没有被毁，1937 年被人为破坏，今只存遗址。

长春园

长春园位于圆明园东部，占地面积 70 公顷。乾隆十六年（1751）中式园林部分基本建成。"长春"二字的命名源于圆明园四十景之一的长春仙馆。乾隆少年时曾在长春仙馆居住过，雍正赐号为"长春居士"，弘历少年时曾受到爷爷康熙皇帝的重点照顾和教诲，无论是去木兰围猎还是出巡祭祖都将他带在身边，甚至有史学家认为雍正之所以能登上皇位和康熙希望弘历今后能继承大统有关。弘历对自己的爷爷也是十分感激，登上皇位以后曾多次对身边的大臣提到自己在皇帝位上绝对不能超过康熙皇帝的六十一年，长春园就是乾隆皇帝为自己归政后修建的养老之所。正因如此，长春园整体的建造思想就是以山水游乐为主，没有像圆明园和绮春园那样有政治活动、日常起居等复杂建筑，整个园林舒展明快，大小景点十几处，或建在水上，或建在岛上，或沿岸临水，所有景点都是因水成景，因地制宜。山水布局、水域划分得很得体，是西郊诸园林中的上乘之作。

　　在长春园北部，乾隆中期还建造了仿照欧洲的西洋楼，是中国皇家园林史上中西方文化交流的典范。

长春园大宫门

长春园大宫门建成于乾隆十二年（1747），同年九月悬挂乾隆御书"长春园"三字匾。因建成时间晚于圆明园大宫门，所以俗称二宫门，宫门前为广场，广场上建有影壁及东西朝房。宫门前有月台，月台上立有铜麒麟一对，此麒麟原为圆明园大宫门前摆设，后移至此。宫门为五间，东西设有小门，宫门只供皇帝出入，平时不开，其他人员进出长春园只能走两旁小门。

进入宫门后是一道牌楼门，规制很像香山的静宜园和颐和园的清漪园勤政殿前牌楼门。过牌楼门就是长春园二宫门正殿——澹怀堂。澹怀堂为五开间卷棚歇山顶大殿，殿内设有宝座，宝座后装有楠木书格，内陈康熙《古今图书集成》一套。在澹怀堂东墙壁上挂着一幅宫廷画师沈源等人于乾隆十二年（1747）绘制的长春园全图。澹怀堂内还摆放有乾隆五十八年（1793）英王乔治三世赠给乾隆皇帝的天球仪和地球仪。

澹怀堂后面是一个由游廊围起的庭院，北有临水重檐方亭，名众乐亭。

澹怀堂复原图

—

孝慎成皇后

　　道光十三年（1833）四月，孝慎成皇后佟佳氏去世后，曾经停灵澹怀堂。

　　道光二十年（1840）正月初八，因皇后病重，禄喜传旨："如若事出，诸事按十三年孝慎皇后例。每日禄喜带领首领、太监在二宫门澹怀堂轮流举哀，俟皇后灵寝进城送至城内，仍回圆明园各归本处。钦此。"从这道圣谕可以说明道光皇帝的另一位皇后——孝全成皇后（咸丰皇帝生母）钮祜禄氏死后也停灵澹怀堂。

1. 2009 年复建完工的长春园宫门
2. 颐和园北宫门影壁，其影壁是从长春园宫门前影壁拆去修建的

1
———
2

1. 现存颐和园仁寿殿前的原长春园宫门前铜麒麟
2. 考古挖掘出的澹怀堂大殿地基

  1947 年为了扩展道路，将长春园宫门影壁挪建到颐和园北宫门的位置。澹怀堂及长春园宫门在 2004 年进行了考古挖掘，澹怀堂等部分建筑基址现已回填，但地形尚可辩认，原宫门前铜麒麟仅存一只，现摆放在颐和园仁寿殿前。2008 年上半年，长春园宫门复建工程动工，全部工程占地 2 万余平方米，复建内容包括宫门、东西朝房、东西耳门等。2009 年 9 月 29 日长春园宫门正式对外开放。

含经堂

含经堂复原图

澹怀堂西北有十三孔板桥一座，是圆明园三园中桥孔最多的一座桥，过了桥就到了长春园中心部位的一个大岛。岛上四周山水环抱，由南向北分别是含经堂、淳化轩、蕴真斋三组大型建筑，南北长 300 米，东西宽 150 米，占地面积 4.5 万平方米。

　　含经堂景区是为乾隆六十年（1795）归政后养老而使用的。乾隆归政后养老用的佛堂、书房、寝宫、看戏的戏台，甚至连休闲娱乐用的买卖街在这里都有建造。

　　整个景区正南由三座琉璃牌楼和矮墙围成一个广场，广场上设有五个蒙古包，这里在乾隆时期曾是设武帐宴赏外国使臣及少数民族首领之处。

　　广场北面为宫门五间，东西两侧设有垂花门，宫门前原摆有铜龙一对，乾隆三十四年（1769）依照故宫静怡轩垂花门前铜狮加倍放大铸造了一对铜狮，替换了铜龙。

　　进入宫门便是这个岛景区的正殿——含经堂。含经堂为七开间重檐歇山顶，黄琉璃瓦覆之。堂檐悬挂乾隆御书"含经堂"匾。大殿仿故宫宁寿宫而建，含经堂内

西间设有宝座, 乾隆皇帝在此曾多次召见过外国使臣及新疆回部、蒙古各部落首领。含经堂供奉有密宗黄教创始人宗喀巴大师的佛像, 西间还设有仙楼, 楼上供奉有多尊佛像。含经堂内还藏《重刻淳化阁帖》和《西洋楼铜版图》各一套。

含经堂前东西各有一座两层转角楼。西边的叫梵香楼, 是一座佛楼, 楼内供奉有大量佛像, 以及金塔、银塔、紫檀木塔等各种佛塔, 定期还有喇嘛在此念经。东边的叫霞翥楼, 是一座藏书楼, 楼内有乾隆御笔 "味腴书室" 匾额, 所以此楼又称味腴书室, 乾隆时期编写的《四库全书荟要》两部中的一部就贮存在此, 另一部贮存在故宫御花园东北角的摛藻堂。

含经堂后为淳化轩, 淳化轩建造时间晚于含经堂, 建成于乾隆三十五年(1770)。淳化轩前东、西回廊内镶嵌乾隆《重刻淳化阁帖》石刻。刻好后原帖就珍藏在淳化轩内, 淳化轩也因此得名。淳化轩是一座寝宫, 形式与规制和故宫乐寿堂很相似。殿内设有宝座, 以及仙楼, 东、西两侧为暖阁。淳化轩内收藏大量古玩字画, 后殿摆放西洋自鸣钟一座, 每到整点都会准时报时。乾隆五十八年(1793)英王乔治三世赠给乾隆皇帝的寿礼, 在正大光明殿呈乾隆皇帝御览后, 其中一件 "地理运转全架" 就摆放在淳化轩内。

淳化轩西侧叠石当中有三间殿宇, 乾隆为其题写匾额 "三友轩", "三友" 取自松、

竹、梅"岁寒三友"之意。这个庭院与故宫乾隆小花园风格很相近。以松、竹、梅为题材，历来为文人雅士所喜用，乾隆在诗中就曾写到"以松喻直，梅喻谅，竹喻多闻，并就其德性推言之"。三友轩内是上下两层，设有宝座床可供皇帝休息。

淳化轩北为蕴真斋，与含经堂同一时期建造。面阔七间，前出抱厦五间，外檐悬挂乾隆御书"蕴真斋"黑漆金字匾。蕴真斋内也建有仙楼，并设有宝座。

蕴真斋西是理心楼，二层楼阁，楼上楼下设有宝座。

蕴真斋东是振芳轩，嘉庆中期改为二层戏台，此戏台比圆明园坐石临流景区内清音阁大戏台略小些，是长春园中最大的戏台。戏台北原是乾隆时期修建的神心妙达殿，嘉庆中期改为五间前出抱厦看戏殿，殿内设宝座，皇帝可坐在殿内观戏。

蕴真斋北山坡上，还建有敞厅三间，敞厅内悬挂乾隆御书"得胜概"匾。站在敞厅南可欣赏含经堂景区，北则可欣赏长春园北部风景。

在得胜概东面还有一座八角凉亭，名叫静缘亭，原为四方形，后改为八角。另外值得一提是，乾隆年间在戏台东侧还有一条南北长150米的买卖街，有大小店铺40余间，也是为乾隆归政养老后体验民间生活准备的。

1. 含经堂遗址出土的经过高温灼热过的玉道士头像
2. 现存中山公园内的原含经堂"搴芝"石
3. 现存中山公园内的原含经堂"绘月"石

1

2 | 3

1. 含经堂前复建的石桥
2. 含经堂东南静缘亭遗址现状
3. 现存圆明园展览馆内的《重刻淳化阁帖》石刻

含经堂遗址在 2001 年由北京市文物研究所进行过系统完整的考古挖掘，所有建筑基址现都已清理完毕并有殿名介绍，原淳化轩前回廊中部分乾隆《重刻淳化阁帖》石刻现于西洋楼景区圆明园展览馆内展出。原含经堂景区内两块奇石"绘月""搴芝"在英法联军及庚子事件都躲过劫难，民国初年，被移到中山公园内摆放，今仍存中山公园内。

思永斋

思永斋，位于含经堂西面的小岛上。建筑面积 1.5 万平方米。

思永斋坐北朝南，中轴线上自南向北依次修建了静便趣、思永斋、鱼池、山色湖光共一楼等建筑。南面为方形建筑，而北面则为圆形建筑，整体建筑十分有特点。

思永斋分三次修建，最早是乾隆十二年（1747），主体建筑基本建成，乾隆二十三年（1758）乾隆皇帝第二次下江南回京后，仿杭州西湖南岸汪氏宅院在思永斋东院修建小有天园，小有天园内"叠石成峰，激水作瀑，泠泠琤琤"，是长春园五处仿江南园林中最小最别致的一个，到乾隆二十七年（1762），又将思永斋进行了改造添建，至此，思永斋达到鼎盛时期。

思永斋正南宫门为五开间，檐下悬乾隆御书"静便趣"匾。宫门面水而建，前有平台及石砌台阶深入水中，可供游船停靠，皇帝可直接从码头上岸进入景区，宫门后为一方形小院，院内种植了大量玉兰花。正殿是一座工字形大殿，前殿七间，中间穿堂三间，后殿为五间，前殿外檐悬挂乾隆御书"思永斋"匾，思永斋内设有宝座及皇帝休息的床，是长春园内皇帝寝宫之一。殿内有小型戏台一座，与故宫重华宫内小戏台很相

思永斋复原图

思永斋内原悬挂《弘历妃及颙琰孩提像》一副，此画在嘉庆二十年（1815）被人摘下存入宫中

似。思永斋内还收藏《重刻淳化阁帖》和《西洋楼铜版图》各一套。

思永斋后为一圆形鱼池，池中有泉眼，在冬天也不会全部封冻。池四周修有游廊，名曰迎步廊。迎步廊向北走到头是一座坐北朝南的阁楼，阁楼外檐悬乾隆御笔"山色湖光共一楼"黑漆金字匾。阁楼居高临下，是消暑纳凉的好地方，乾隆、嘉庆、道光、咸丰几位皇帝都很喜欢这里。

在思永斋东院是小有天园，以假山叠石为主，所谓"堆假山肖西湖汪氏园"，在小有天园内有水法窗景。所谓水法就是由水源、水箱及相应的排水系统组成的利用水压创造人工瀑布的机械装置，一般都安置在特定的隐蔽空间内。小有天园除水法窗景外，还建有石窗景，和故宫颐和轩东室内的石窗景类似。乾隆御制诗中有《题小有天园》："叠石肖慧峰，范锡写蜚庵。分明虚窗北，宛似圣湖南。缩远以近取，收大于小含。"

<u>1</u>

2

1. 思永斋码头遗址
2. 思永斋遗址现状

1. 思永斋乾隆试马图石碑座
2. 思永斋南码头遗址现状

　　思永斋遗址在近几年曾小规模清理过，南面的码头现已修复，思永斋殿基址尚可看清。乾隆试马图石碑座
至今还在原址，此石碑立于乾隆五十四年（1789），因为碑文被破坏，所以很难被人注意到。东院小有天园
遗址上仍存有大量叠石。

茜园

茜园，位于思永斋正南。占地面积 6600 平方米。

茜园占地面积不大，但整个园子小巧玲珑，匠心独运。茜园在乾隆十七年（1752）就已基本建成，到嘉庆十三年（1808）又对茜园进行过改造与添建，是长春园内移植江南园林比较成功的一处。乾隆皇帝非常喜欢这里，在茜园建好后，曾多次在此传膳。

茜园门位于西北部，西门为一垂花门，门上悬挂乾隆御书"茜园"匾。进入垂花门后是一个方形庭院，北为七开间门殿，殿北有台阶深入水中，是一个临水码头，皇帝来茜园多走水路，由此码头进入茜园。方形庭院中置一名石，此石原名芙蓉石，原是杭州南宋德寿宫前的摆设。乾隆第一次南巡时，见到此石甚是喜欢，后地方官就命人将此石运至北京，乾隆命人将此石摆放在茜园园门内的庭院中，并赐名"青莲朵"。早年在芙蓉石旁原有一株古苔梅，明末有人将古苔梅绘图后刻在石碑上，乾隆南巡时碑已经风化严重，乾隆就命人重刻一通石碑立在旧碑旁。乾隆三十年（1765）又命人照原梅石碑重摹一座置于青莲朵旁。

青莲朵南是一个稍大些的小院，有小溪从院中流过，院北有三间书房，乾隆起名韵泉书屋，

茜园复原图

院西还有三间大些的殿宇叫虚受轩，虚受轩东是一座上下各三间的阁楼，楼外檐悬挂乾隆御书"此中大有佳处"匾，楼上南墙曾挂有长春园全景图。

此中大有佳处楼东有一个城关，出城关后便是茜园东部景区，东部景区有一片人工挖成的小港湾，在港湾上由北向南分别架设了廊桥、曲桥和一座三孔石平桥。港湾四周由天然湖石围成，互相交错，显得十分自然。港湾西岸假山之上有一座四方亭，亭内檐悬挂乾隆御书"标胜亭"匾，此亭是欣赏港湾的最佳地点。标胜亭北面东修有敞厅三间，乾隆御书"郎润斋"黑漆金字匾就挂在敞厅檐下。敞厅南北有游廊与其他殿宇相连接。

港湾南岸有高台房三间，名叫饶野意。饶野意有游廊与港湾东岸主体建筑碧静堂相连，碧静堂坐北朝南，五开间，后出抱厦三间，是嘉庆时期建造的。

碧静堂东南墙上开有一门，名茜园门，门前有石桥一座，过石桥可进入绮春园。

茜园内种有大量植物。茜园东部港湾中种有莲、水葱、菖蒲等水生植物。在庭院之间栽培了大量白皮松、云杉、银杏及楸树等树木，在各殿前还摆有各种盆景供帝后欣赏，整个茜园生机勃勃，水生植物茂盛多姿，一派江南园林景象。

梅石碑拓片

1
—
2
—
3

1. 现存中山公园内的青莲朵太湖石
2. 胡普·丹比女士在1939年左右拍摄的一张老百姓偷挖圆明园木桩后过茜园内曲桥的照片
3. 茜园虎皮墙遗迹

1
—
2

1. 茜园桥涵遗址现状
2. 茜园码头遗址现状

　　茜园在 2003 年进行过部分建筑基址的清理和归位，茜园码头已归位，条件允许，可乘船由码头登岸。原茜园内南宋奇石青莲朵在民国年间被运至中山公园内，现仍摆放在中山公园社稷坛西门外，而梅石碑则被搬到了北京大学，碑座已无，碑身尚保存完好。

三〇七

海岳开襟

海岳开襟，位于思永斋以北湖面正中，四面临水，整组建筑雍容端庄，金碧辉煌。

海岳开襟坐落在一个圆形岛屿上，周边用白石砌齐，并护以汉白玉栏杆，每根栏杆都刻有精美的花纹。岛上主体建筑建在一个两层圆坛上，圆坛下层直径近 80 米，上层直径近 70 米。下层圆坛临水辟有东、西、南、北四座码头，皇帝可从任意一个码头登岛。

主体建筑海岳开襟为三层阁楼，檐下悬挂乾隆御书"海岳开襟"匾，楼为三覆檐四出轩式建筑，正楼为三覆檐，四面各出重檐抱厦一座，屋顶为十字琉璃脊。阁楼一层设有围屏宝座，地上铺着西域进贡的地毯。每到秋高气爽的时节，帝后经常来岛上登高远望。

海岳开襟楼南北各有一座五间配殿，殿出抱厦三间，北面檐下悬挂"秀挹岑清"匾，南面檐下悬挂"林渊锦镜"匾，均为乾隆御书。

海岳开襟岛西岸建有重檐四方亭一座，亭东有台阶深入水面，是一座小型码头，因为亭正西即是长春园西边的明春门，过明春门可到圆明园福海景区，皇帝在逛完圆明园

后经常从明春门进入长春园，在流香渚（叫"流香渚"是因为附近种有很多石榴，又俗称"榴香渚"）亭内换船前往海岳开襟岛或长春园其他景点。

在海岳开襟岛东岸有一个假山叠石的高台，叫半月台，是清朝皇帝欣赏月亮的地方。台前还竖有汉白玉石碑一通，碑上刻有乾隆《半月台》五律诗一首。

1
—
2

1. 现存北京大学内的半月台石碑
2. 半月台遗址现状

1. 法国人谢满禄 1882 年前后登上海岳开襟岛后拍摄的海岳开襟正殿照片
2. 海岳开襟遗址现状
3. 海岳开襟西岸流香渚遗址出土镏金欢喜佛（1992 年）

  海岳开襟由于在湖中央，四周没有桥与陆地相连，英法联军焚毁圆明园时，船只已提前烧毁，无法登岛，故逃过一劫。光绪年间，慈禧和光绪曾多次登岛游览，直到 1900 年才毁于战乱。现岛上仍存有大量石刻构件，四面码头已归位修复。东岸半月台尚存有大量叠石。原乾隆御书半月台石碑今存于北京大学校内。

法慧寺

海岳开襟北面，东、北、西三面连绵青山围绕的山坳里，有一座坐北朝南的宗教建筑，叫法慧寺。法慧寺在长春园建成之初就已经建成，占地面积 3000 平方米。

法慧寺建筑分两部分，东部是一个方形院落，南为倒座楼五间，檐下悬挂乾隆御书"福佑大千"匾。正殿法慧寺殿为五间，殿内摆放楠木扫金二层塔一对。正殿与后殿有廊庑相通，连成一座工字殿，殿内悬挂乾隆御书"光明性海"匾。

法慧寺西院有一座高耸的五色琉璃塔，琉璃塔塔基为正方形大理石须弥座，台上设有汉白玉石栏杆，台高 0.99 米，塔为七级，上圆下方，高七丈三尺五寸，合今天的高度是 23.55 米。塔下层两级为正方形，高 6.91 米，塔檐琉璃瓦分别用翡翠色与黄色，塔中层为八方式，高 5.69 米，塔檐分别用青色与紫色琉璃瓦，塔上层为圆式，高 6.97 米，塔檐分别用绿色、黄色和青色琉璃瓦，塔顶为铜包金覆钟锦罐式，高 3.07 米，塔身四周都有佛龛，内坐观音像。此塔也是圆明园内最高的一座塔。

在乾隆时期，共修有 6 座琉璃塔，除长

春园法慧寺琉璃塔外，一座在北海北岸，修好后不久就毁于大火，另有两座在清漪园（颐和园）北坡花承阁、静明园（玉泉山）圣缘寺，此二塔形式相同，均为上下八方式，还有两座是静宜园（香山）昭庙和承德须弥福寿之庙，此二塔均为楼阁式玻璃塔。六塔中唯独长春园琉璃塔形式最为独特，建造最为精美，命运最悲惨。

在法慧寺西还建有一座小型城关，城关悬挂乾隆御书"普香界"匾。

1
—
2

1. 长春园法慧寺琉璃塔早期旧照，此照片拍摄者不祥，拍摄时间应该在 1860 年至 1900 年之间。此阶段圆明三园大部分建筑虽已被英法联军焚毁，但仍有部分建筑尚存，长春园法慧寺琉璃塔就是其中之一
2. 德国随军军医乔治·佩特斯 1900 年 12 月 25日拍摄的法慧寺琉璃塔旧照

法慧寺琉璃塔图

1
———
2
———
3

1. 法慧寺琉璃塔遗址现状
2. 法慧寺西城关遗址现状
3. 现存西交民巷87号院内原法慧寺西城关上的乾隆御书"普香界"石匾额

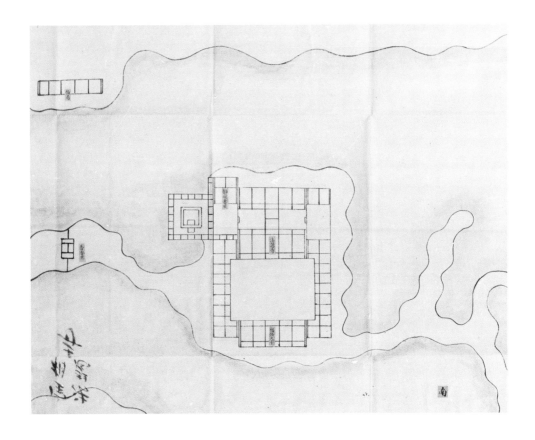

　　法慧寺东院在英法联军焚毁圆明园时被毁，但西院的琉璃塔因为不怕火烧而幸免一劫，1901 年琉璃塔毁于战乱。琉璃塔西边城关上石匾"普香界"民国年间被运到城内，成为私人花园中装饰物，今石匾仍完好地保存在北京西城区某院内。法慧寺遗址尚可辨认，琉璃塔汉白玉基座至今仍保存完好。

　　法慧寺地处长春园北面，离圆明园护军守卫巡逻地域较远，不属于重点保护范围。再加之离西洋楼残迹较近，当时西方摄影爱好者在花钱买通看园太监进入西洋楼景区残迹拍照后，很容易就发现不远处矗立着精美高大的琉璃塔，所以长春园法慧寺琉璃塔就成为除西洋楼残迹外保留有照片最多的圆明三园建筑。目前已知拍照时间最晚的一张法慧寺琉璃塔照片是八国联军侵华时期的德国军医乔治·克莱门斯·佩特斯（Georg Clemens Perthes，1869—1927）。佩特斯在华期间写的日记 1903 年在德国出版，根据日记记载，他应该是 1900 年 12 月 25 日来到的长春园游玩并拍摄了一张法慧寺琉璃塔照片。

宝相寺

宝相寺，位于法慧寺东面。占地面积 2000 平方米。

宝相寺是长春园北部的一处寺庙园林，乾隆二十三年（1758）"略仿天平范家高义园为之"。寺坐北朝南，寺内供奉有一尊观音大士，是乾隆南巡时仿杭州天竺寺内的观音大士建造的。宝相寺依山面水，建筑地基由南向北逐渐升高，寺周围种植有大量松树，环境十分幽雅。

宝相寺平面呈正方形，山门悬挂乾隆御书"宝相寺"匾。进入山门后是一座倒座楼，楼下为洞窟，楼上则为精舍。乾隆赐名曰澄光阁。此阁是仿苏州天平山高义园建造的。

乾隆御制诗中有《澄光阁》诗云："层甍出树大溪横，座俯沧浪可濯缨。近远波澜呈震泽，高低楼阁学天平。春风秋月因心会，玉镜冰壶彻骨清。临水设云如画舫，载舟便以验民情。"

澄光阁北有一敞厅，外檐悬挂乾隆御书"昙霏"匾。过敞厅后是宝相寺正殿，殿外檐悬挂乾隆御书"现大圆镜"匾，殿内摆放楠木扫金塔五对，殿内供有佛像数十尊。

宝相寺东边建有城关，城关上悬挂乾隆御书"天关"石匾。

宝相寺复原图

1. 宝相寺遗址现状
2. 苏州天平山

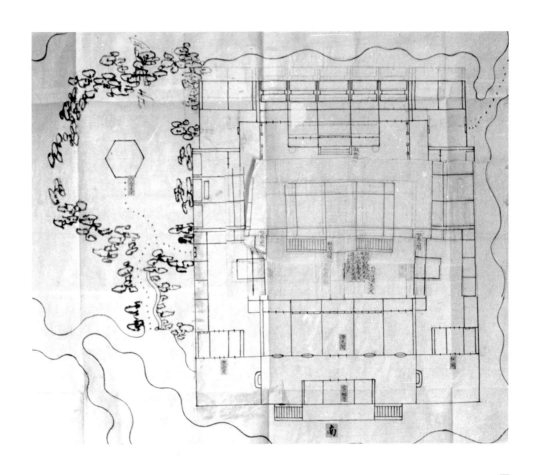

一

样式雷宝相寺平面图

宝相寺在1860年被英法联军焚毁，后一直无人管理，现地基仍深埋在土里，条件成熟时可进行考古挖掘，此处地势较陡。

泽兰堂

泽兰堂，位于长春园中心正北，南面隔水与含经堂相望，是长春园中轴线上的一个制高点。山高约 10 米，自翠交轩至泽兰堂，南北纵深 90 米。建筑居高临下，北可观水法奇观，南可欣赏长春园风光。占地面积 1 万平方米。

整个建筑分南北两部分，南面以翠交轩为主体。翠交轩坐北朝南，殿四周修有围廊，乾隆御书"翠交轩"扫金罩漆雕龙铜字圎就悬挂在檐下。翠交轩内还悬挂乾隆御书"履信思顺"圎，是长春园最早悬挂的圎额之一。殿内东墙挂有如意馆徐扬所绘《老少年》一幅。殿前是由假山堆成的巨大石洞，石洞门口悬挂有乾隆御书"熙春洞"三字石圎。假山石两旁建有东、西三间配殿，西殿圎曰"浮玉"，东殿圎曰"素怀"，二圎均为乾隆御书。

在翠交轩的北面是一个小院，院南是一座上下各五间的阁楼，乾隆起名爱山楼。乾隆《爱山楼有会》诗云："园中皆假山，久假真亦似。但存爱山意，真假何殊耳。爱与乐弗殊，宣尼示其旨。善长斯惟时，仁为实由己。每凛克复训，讵骋豫游喜。"

爱山楼有游廊与北面的正殿相连接。正

泽兰堂复原图

殿为五间，坐北朝南，大殿外檐下悬挂乾隆御书"泽兰堂"匾。"泽兰"即大泽兰，又名佩兰、都梁，也称兰草，菊科，花紫色，叶片有香气，生长于水边。乾隆在御制诗中有《泽兰堂》诗云："翡翠兰苕琳渚旁，斯干择向构书堂。依然濠濮会心处，邈尔澧沅称物芳。侈迹非关学汉苑，别名只合号都梁。摛毫拟欲因成赋，却愧文通五色章。"泽兰堂是一座以楠木为主体的大殿，不施丹青，保持楠木本色。殿前后建有月台，殿内设有宝座，东、西次间设有供皇帝休息的宝座床。室内陈设有书籍文玩，还有竹炉、紫檀木茶具等，尽极风雅。殿内还收藏有《重刻淳化阁帖》和《西洋楼铜版图》各一套。

泽兰堂以北就是大水法，乾隆皇帝经常坐在泽兰堂北面的月台上欣赏水法（喷泉）。在泽兰堂北面东西两边各有一条路通向北面的西洋楼景区。

整个泽兰堂景区前部及东西两侧全用大小青石堆成了山岭、山沟、山洞。山沟之间还架有石桥，东西延伸近百米，规模甚大，由远处望去仿佛真山。而主体建筑则是一座由太湖石与松树、花卉组成的小院，院内种植了大量奇花异草，还有松树配以造型各异的太湖石，既可欣赏又可攀登。泽兰堂景区内的假山石是长春园中运用得比较成功的。

1. 原泽兰堂乾隆御书"熙春洞"石匾
2. 原泽兰堂乾隆御书"熙春洞"石匾拓片

1
—
2

1.泽兰堂正殿遗址现状
2.泽兰堂遗址现状

—
清紫檀竹编茶籯及附件

　　泽兰堂在 1860 年被英法联军焚毁，焚毁后建筑基址及大量叠石一直保存完好。翠交轩前的大型石洞由于时间较长已塌，乾隆御书"熙春洞"石匾后被人搬走，今保存在东城区翠花胡同民盟招待所院内。泽兰堂遗址假山石较多，如来此探寻请一定注意安全。2018 年 4 月 19 日，在民盟中央办公厅院内举行了乾隆御笔"熙春洞"石匾和嘉庆御笔"称松岩"诗刻石捐赠仪式，至此，二件石刻正式回归圆明园。

狮子林

狮子林，位于长春园东北部。占地面积 1.5 万平方米。

狮子林由东西两部分组成，西部建造时间较早，乾隆十二年（1747）丛芳榭一带就已建成，而东部的建筑则是乾隆三十七年（1772）所建，两者时间相差二十多年。后在道光八年（1828）又进行了部分添建，道光皇帝四十八岁生日时还曾陪皇太后到狮子林游赏、进膳。

狮子林西部是一个小院，整个建筑以南面水榭最为突出，水正中有一座凉亭深入水中，乾隆命名漾月亭。漾月亭南有台阶深入水中，皇帝来狮子林可直接乘船由此上岸。漾月亭东西为两座三开水榭，水榭有游廊与亭北临湖大殿相连通，大殿外檐悬挂乾隆御书"敬修斋"匾。敬修斋北是由回廊围成的一个庭院，院北为正殿，坐北朝南，殿外檐悬挂乾隆御书"华邃馆"匾，乾隆时期此殿又称丛芳榭。丛芳榭

狮子林复原图

与南面的敬修斋都建造于乾隆十二年（1747），是狮子林早期建筑。

　　狮子林东部修建年代较晚，是乾隆第四次南巡回来后，依照苏州狮子林建造的，乾隆三十七年（1772）基本建成，两年后，又命人在承德避暑山庄也仿建了一座狮子林（文园），就形成了三座狮子林南北呼应的局面。

　　狮子林东部景区充分汲取了倪瓒《狮子林图》的意境，以山景为主，所有建筑体量都修建得很小，广堆假山，假山之上建有亭台楼阁。这里的叠石也以太湖石为主，奇峰异石相间其中，既有皇家园林的气魄，又不乏苏州园林的灵秀。

　　狮子林的入口位于其东部景区的正南部，是一座东向水关，水关南岸立乾隆御书"狮子林"石匾一块，水关石拱内外两侧分别刻有乾隆御制"狮子林"诗刻石十幅。

　　进入水关后，岸北叠石之上，建有敞厅三间，名曰清淑斋，在清淑斋四周还有大量御制诗刻石。

　　清淑斋西有一石券桥与西部的丛芳榭院落相连接。石券桥桥拱上刻乾隆御书"虹桥"及乾隆三十九年（1774）御制虹桥景名及诗刻十幅。

　　虹桥北为一片方形水域，俗称方池，方池北岸建有上下五间二层临水阁楼一座，

外檐悬挂乾隆御书"清閟阁"匾，阁名取自倪瓒藏书楼。清閟阁是狮子林正殿，殿内设有宝座，宝座旁还立有屏风，阁内的收藏十分丰富，《重刻淳化阁帖》《西洋楼铜版图》及明代杜琼《摹倪云林狮子林图》都收藏在此阁。此外乾隆还从全国各地收来倪云林画作多幅，也收藏在此。

清閟阁往东走过一座过河厅，便来到了以大量太湖石叠石为主堆砌的小山。山石之上建有二层阁楼一座，阁楼外檐悬挂乾隆御书"廷景楼"匾一块，楼下设有宝座床，乾隆经常在此传膳。

廷景楼西南建有一座回廊小院，乾隆赐名纳景堂。延景楼北山石之上，还建有云林石室，殿内设有宝座，是欣赏狮子林美景的绝佳之处。

四周假山叠石之上，还建有大小凉亭。狮子林内用水由北部西洋楼方河暗沟引入，再向南汇入长春园湖中。

```
1 | 2
----
  3
```

1. 御用白玉狮纽宝玺
2. 御用白玉狮纽宝玺印面
3. 狮子林乾隆御笔

1
―――
2
―――
3

1. 狮子林延景楼遗址现状
2. 狮子林东北水关遗址现状
3. 狮子林虹桥遗址现状

1. 狮子林水关石刻
2. 狮子林虹桥御笔

　　狮子林景区在 1860 年被英法联军焚毁后，假山叠石、御制诗刻还多有保存，但在一百多年的人为破坏后，留存下来的已经少的可怜了。二十世纪九十年代中期，圆明园管理处复原了虹桥、水关等部分景点，乾隆御书"狮子林"石匾至今仍躺在原处，道光御笔《烟岚》诗刻石今保存在圆明园展览馆内。目前尚未对建筑基址进行系统考古挖掘，大量建筑基址至今仍埋在土层内，大量太湖石散落在地面。

玉玲珑馆

玉玲珑馆，位于含经堂东面的小岛上。占地面积 9000 平方米。

玉玲珑馆景区在乾隆十二年（1747）就已基本建成，修建在一个圆形的岛上，小岛通过曲桥与岸上相连，岛上大多数建筑为南北向，殿与殿之间有游廊相连接，组成多个大小不同的院落。

玉玲珑馆宫门朝南，宫门内檐悬挂乾隆御书"玉玲珑"彩漆匾。门前有九孔弯转板桥与南岸相连，此桥也是玉玲珑馆岛与陆地相接的唯一桥梁。

宫门后为玉玲珑景区正殿，正殿为七开间，前有抱厦五间，内檐悬挂乾隆御书"正谊明道"匾，殿内供奉有青玉山石观音一尊。

正谊明道殿后为九间后殿，乾隆御书"林光澹碧"四字彩漆匾就悬挂在外檐下。殿内设有罗汉床，东西有游廊与正谊明道殿及宫门相连。殿西还有两个小院蹈和堂和撷景石，院内堆有玲珑剔透的太湖石，是乾隆皇帝的书屋。

正谊明道殿东是一个宽敞的庭院，庭院四周围有游廊，坐在游廊内可欣赏小岛四周

玉玲珑馆复原图

1
—
2

1. 玉玲珑馆遗址东部现状
2. 玉玲珑馆遗址现状

一

长春园玉玲珑馆陶嘉书屋兽面门环

风景，院内种植有大量植被，小院正殿为五间接后抱厦三间，乾隆赐名为鹤安斋，鹤安斋是长春园饲养仙鹤的地方，乾隆经常在此观赏仙鹤。

在鹤安斋正北，有一座重檐四方亭，是一座观景凉亭，亭口东西有回廊与鹤安斋相连，乾隆很喜欢在此乘凉观景，并赐此亭名为狎鸥亭。

鹤安斋西院有一小型喷泉，皇帝可坐在殿内过窗户欣赏瀑泉。鹤安斋的东院则是澹然书屋，是皇帝的私人书房。澹然书屋北为一个曲尺形鱼池，鱼池旁建有赏鱼的小殿，名曰芥舟，乾隆曾有诗句描写芥舟曰："杯水无殊覆坳堂，堂如舟亦芥堪方；蒙庄原谓胶舟者，安识须弥个里藏。"

玉玲珑馆建筑在 1860 年全部被英法联军焚毁，现建筑基址尚埋在土里，玉玲珑馆岛四周驳岸及临水建筑基址近年来已清理。有兴趣的朋友可以登岛探寻遗址。曾有拍卖行拍卖过陶嘉书屋门上的兽环，但是否为原物尚待考证。

映清斋

映清斋，位于玉玲珑馆南面。占地面积5000平方米。

映清斋东、南、西三面有青山围护，东北部是一半圆形河港，紧贴河港西岸建有临水方形长廊，长廊北端是一座临水四方亭，乾隆赐名昭旷亭。长廊南端则是九间深入水面的书斋，书斋外檐悬挂乾隆御书"映清斋"匾，映清斋三面临水，一面与长廊相连接，是修身养性，读书作画的佳处。

映清斋书斋南有游廊与其相连接，建有临水敞厅三间，外檐悬挂乾隆御书"月香水影"匾。

月香水影南是晴望楼，晴望楼上下各五间，楼上设有宝座，据记载，此处是乾隆皇帝雨后望晴的地方。晴望楼西侧建有陶嘉书屋。

望晴楼西还建有两个小院，乾隆赐名益思堂和豁如室，都是乾隆的书房。

映清斋复原图

—
映清斋遗址现状

—
映清斋遗址现状

映清斋近年来曾清理过驳岸，岛上建筑已无存，但尚存有大量假山石。

如园

　　如园，位于长春园宫门区东侧。占地面积1.9万平方米。

　　如园是长春园内五座园中之园（如园、茜园、鉴园、小有天园、狮子林）中规模最大的，是仿照自江南四大名园中江宁（今南京）明代中山王徐达西花园——瞻园修建的。如园在嘉庆十六年（1811）又进行了重修，重修后的如园小桥曲溪，亭台错落，竹树浓密。

　　如园整体布局东高西低，宫门朝西，门上是挂乾隆御书"如园"二字，乾隆起名如园，有把此园比做"如同瞻园"的意思。

　　进入如园大门后，迎面修有凉亭一座，名曰翠微亭。翠微亭北是新赏室，南为寨芳书屋，寨芳书屋乾隆时期称含芳书屋，嘉庆十六年重修后改称寨芳书屋。

　　寨芳书屋东是一个小池，水池东建有听泉榭及云萝山馆，与云萝山馆巡檐转东建有一座歇山两卷殿，乾隆赐名芝兰室，芝兰室殿内设有宝座，乾隆皇帝经常坐在此殿内欣赏如园风景。在芝兰室南建有过街楼与南面的熙春园相连通。

　　芝兰室东为如园东部景区，也是如园中景色最为优美的区域，此区域挖湖堆山，山水建筑配合成了丰富多彩的风景。池南建有上下各七间的含碧楼，乾隆时期这里称明漪楼，楼下曾挂有乾隆御容一张，楼前建有观景月台。

　　池北则是如园的正殿，为七开间三卷棚，外檐悬挂乾隆御书"延清堂"匾。延清堂除南部设临水平台外，北部也建有临水码头，是帝后乘船来如园游览上岸之处，殿内还收藏有《重刻淳化阁帖》和《西洋铜版图》各一套。此殿也是帝后在如园内主要的休息、进膳之处，有记录显示，道光皇帝就曾多次在此侍奉皇太后用膳。

　　池西部堆有大量假山，把水池划分为大、小两部分，假山中堆有仙洞，假山之上建有敞厅三间，名曰清瑶榭。假山南部有板桥与南岸相连接，嘉庆赐名曰转翠桥。

　　池东部则是陡立的峭壁，山石耸立交错，把整个东山装饰成一座青石大山，高7米。山顶建有三间敞榭，名曰观丰榭，为嘉庆赐名。站在观丰榭内，西可欣赏整个如园风景，北可远望长春园其他景区，东可观赏园外田园风光，南则可欣赏熙春园风光。

1. 含碧楼遗址现状
2. 锦縠洲基址

1
—
2
—
3

1. 含碧楼遗址上出土
的嘉庆御笔《镜香池》
诗石刻
2. 嘉庆御笔《镜香池》
诗石刻拓片
3. 如园十景之一的转
翠桥嘉庆御笔石碑（现
已下落不明）

1. 存放在民盟招待所院内的如园嘉庆御笔《称松岩》诗石刻
2. 如园遗址上出土的嘉庆御笔《披青磴》诗石刻
3. 芝兰室地基上的瓷砖残迹
4. 如园遗址出土的甬道及石子路

1
———
2
———
3

1. 如园观丰榭遗址现状
2. 考古挖掘出的芝兰室建筑基址
3. 如园遗址涵洞现状

　　如园在被英法联军焚毁后山型水系尚保存完好，乾隆及嘉庆的大量御制石刻尚保存在原处，但随着 1900 年庚子事件及清王朝灭亡，如园遭到很严重的破坏，园内大量乾隆、嘉庆御笔石刻被人随意搬运，民国时还曾有人用照相机拍过嘉庆御笔"转翠桥"石碑，今已下落不明，只剩下嘉庆《称松岩》诗石刻存放于东城区翠花胡同民盟招待所内。如园遗址临湖码头今尚保存完好，东山下护山脚青石仍保存原有风貌。2012 年，对如园芝兰室遗址进行了考古挖掘。2016 年 10 月又清理了延清堂、含碧楼、观丰榭、挹霞亭等遗址，其中在清理延清堂东侧道路时，发现石刻，上面的文字为"碧萝青藓午阴凝，沿蹬寻幽缓步登。小憩方亭欣造极，披襟挹爽早秋澄"。根据文献记载，这是嘉庆帝御制诗《披青蹬》，此石刻现于正觉寺内展示。在含碧楼月台处，也发现有御笔刻石，石刻上刻有嘉庆御笔："朱华翠盖满池塘，实结初秋夏绚芳。晼对静参色空谛，花中君子镜中香。壬申孟秋月之上瀚御题，嘉庆十七年。"此诗为嘉庆皇帝在嘉庆十七年（1812）七月为如园十景之一镜香池所作的诗句，此石刻被原址保存。

鉴园

鉴园位于如园东北。占地面积 6000 平方米。

鉴园在乾隆三十二年（1767）就已基本建成，嘉庆十五年（1810）又进行过修葺。

鉴园紧靠长春园东墙，南北长，东西狭窄。主体建筑分南北两个部分，北部以南向五开间大殿为主体，殿外檐悬挂乾隆御书"漱琼斋"匾。漱琼斋是一个独立的小院，院内围有鱼池，鱼池东、西、南建有游廊与北部的漱琼斋及南部景区相连接。

鉴园南部景区由几组建筑组成，主体建筑叫师善堂，坐东朝西，乾隆在御制《师善堂》诗中云："溪水面前横，堂廉日俯清……会心额师善，陈戒缅阿衡。"师善堂西有临湖敞厅五间。乾隆御书"鉴园"匾就挂在敞厅檐下。

师善堂南建有坐北朝南阁楼一座，楼外檐悬挂乾隆御书"芳晖楼"匾，楼前广种牡丹，是长春园内欣赏牡丹的最佳地点。

芳晖楼南建有船坞一座，此船坞也是长春园内唯一一座船坞，帝后在长春园内游览的御用船只都停在这里。大船坞南有七孔板桥与南面的如园相连接。

鉴园复原图

1
2

1. 鉴园水池遗址
2. 鉴园遗址现状

原长春园大门外石狮

　　鉴园往北就是长春园东大门，又称东宫门。因为此门为两层城楼式大门，所以北门又称东楼门，是清朝几位皇帝在园居时去往承德避暑山庄、东陵及盘山行宫的必经之门。1860 年 9 月 22 日，咸丰皇帝就是从此门以"北狩热河"的名义逃往承德避暑山庄的。不到一个月，圆明园被英法联军焚毁，咸丰皇帝此次离开圆明园后再也没有能够回来，不到一年后的 8 月 22 日他就病死在承德避暑山庄烟波致爽殿西暖阁。

　　鉴园在圆明园被焚毁后，建筑基址一直存在，但随着时间的推移，今基址已深埋入地下，临水码头及船坞基址今仍可看清。原长春园东大门基址被埋在马路下面，原大门前石狮今存文津街中国国家图书馆分馆门前。

长春园西洋楼景区

长春园西洋楼景区位于长春园东北角，是意大利画师郎世宁（1688—1766）、法国传教士蒋友仁（1715—1774）等人于1747年至1760年设计监修的。西洋楼景区是我国皇家宫苑中第一次大规模仿建西洋式建筑群和园林喷泉，虽然设计者是西洋传教士，但建设者却是中国人。在西洋楼景区的建造过程中，大量融入了中式道路、中式石雕花纹等，是中西方文化相结合的一次很好的尝试。

　　西洋楼景区的修建虽然给万园之园又添加了一道景观，但同时从很多方面映射出清王朝闭关锁国、妄自尊大的状况。乾隆皇帝修建西洋楼景区的目的并不是引进西洋技术，学习西洋先进的建造理念，而是完全出于好奇，甚至自大地认为"西洋人有的，我们大清朝就一定有"，所以在西洋楼景区建造过程中就出现了西式建筑中式屋顶的现象。意思就是说："你西洋建筑再好，也要在我大清天朝的统治下。"谐奇趣、海晏堂、大水法等建筑都出现了这样的现象。

　　西洋楼景区最早建好时，喷泉是机械动力出水，而到了后期，由于郎世宁、蒋友仁等设计者相继去世，而中国工匠又不会修理维护，导致汲水机关破损严重，最后只得用人工提水的方法来保证几处西洋水法（喷水）的供水。每次皇帝如果想来西洋楼景区看西洋水法，都要由身边的太监提前转告西洋楼的总管太监，命令人工蓄水，蓄水蓄楼满水后皇帝才能进入西洋楼景区欣赏西洋水法。

　　值得一提的是，乾隆五十八年（1793）英国使臣马戛尔尼在给乾隆皇帝祝寿带来的礼品中，就有很多当时西方先进的科技产品，但清政府妄自尊大，闭关锁国，根本没有对这些西方科技产品进行分析或研究，而是当作纪念品一样的保存在圆明园中，没想到仅半个多世纪的时间，西方人就用大炮轰开了清王朝的大门，并最终将圆明园焚毁。

谐奇趣 黄花阵（迷宫）

谐奇趣位于西洋楼景区最西部，由谐奇趣主楼、主楼南北喷水池及北边的供水楼组成。它是西洋楼景区最早建成的西洋建筑。

谐奇趣从乾隆十二年（1747）就开始筹划，它由意大利人郎世宁和法国人蒋友仁设计，至乾隆十六年（1751）秋季竣工，前后历时四年。

谐奇趣平面呈半圆弧形，主楼为三层，一层、二层都是七间，顶层为三间，顶层两边建有凉台，在一层大殿东西伸出弧形平台游廊，游廊尽头建有两层八角形楼厅，弧形游廊中悬挂自康熙至乾隆来华觐见的传教士画像。

主楼正南由两边弧形台阶可直接登上二楼平台，平台上围建有琉璃栏杆和西式花纹琉璃栏板，平台两旁还分别各摆放有一对西洋石狮。

主楼内设有宝座，宝座后有照壁，宝座与照壁都是由郎世宁设计的。主楼内的装饰及陈设也都是西洋风格的。楼内陈设有西洋罗镜灯、挂镜、天体仪、浑天仪、西洋珐琅莲花灯等。在主楼内的墙上，挂满了西洋进贡来的穿金银线鞘银把西洋剑等。乾隆五十八年（1793）英国特使马戛尔尼访华，英王乔治三世为乾隆皇帝祝寿所送的礼物，在正大光明殿呈乾隆皇帝御览后，大多数都摆放在西洋楼景区。其中西洋船模型、鹅颈玻璃灯等物件就被摆放在主楼内，另外，主楼内还收藏有《西洋楼铜版图》若干套。

在谐奇趣主楼南北各有一个西洋式喷水池，其中南面的喷水池较大一些，池中心有一只西洋翻尾石鱼，石鱼可冲上喷水。喷水时水柱高达数米。石鱼东西各有一只铜虾，喷水池北部有铜鹅六只，喷池南部则分设铜羊、铜猫、铜鸭各两只，口中有水柱向池内喷水。谐奇趣主楼北面的喷水池则要小些，直径只有 4.5 米，池内是一个由四只铜鱼和四个小喷水塔组成的三层小型喷泉。

在谐奇趣主楼西北建有供谐奇趣喷泉用水的供水楼，又俗称蓄水楼。蓄水楼内水源是从北面进水孔引入的。蓄水楼早年是由 3 匹骡子拉动水车往楼上提水，后因

一面南趣奇谐

水车轮盘损坏而改用人工提水。

蓄水楼西是西洋楼景区西墙，墙为西洋风格，称线法墙，线法墙南端建有西洋座钟形门一座，门上嵌有西洋石钟一座。

蓄水楼东，谐奇趣主楼北还建有一处大型欧式迷宫，占地约1.5万平方米，俗称黄花阵或万花阵。

黄花阵为长方形，东西南北四面都设有门可供进出，其中南面为一座西洋风格的大门，为黄花阵正门，正门内修有西洋石桥一座，过石桥便是黄花阵。阵中心高台圆基上建有西洋式琉璃顶凉亭一座。黄花阵是根据欧洲皇家花园中的迷宫进行仿建的，但组成迷宫的图案不是剪修的灌木，而是砖砌的矮墙，墙高约1.2米，宽约0.6米，墙面镶嵌"卍"字不到头图案雕花青砖，墙体总长1600余米。

黄花阵北面门内建有一座西式小蓄水楼，有楼梯可登上二楼，楼前放置背驮宝瓶卧狮喷泉一对。

在黄花阵北面小山上还建有中式凉亭一座，坐在凉亭内可观整个黄花阵美景。

黄花阵在清朝一直是帝后中秋节举行灯火晚会的地方。每到中秋节的晚上，宫女们头顶黄绸纱灯，争抢着向黄花阵阵中心的西洋式凉亭跑去，皇帝则坐在亭子正中，据说谁先跑到亭子前向皇帝磕头请安，就会得到皇帝的赏赐。

五面正园花

圆明园长春园谐奇趣前喷水池推想图（陆伟制）

陆伟製圆明园长

喷水池推想图

1. 线法墙
2. 谐奇趣翻尾石鱼

1. 奥尔末拍摄的谐奇趣主楼正面东南
2. 奥尔末拍摄的谐奇趣主楼北

1
―――
2

1. 托马斯·查尔德 1877 年拍摄的谐奇趣南面全景照片，对比奥尔默在 1873 年拍摄的照片，此时主楼平台上的楼梯琉璃栏杆已经基本被破坏了
2. 法国人皮瑞拍摄的谐奇趣主楼，这张照片皮瑞是站在谐奇趣的西南侧向东北方向拍摄的主楼和音乐亭全景，为了能将东西两个音乐亭都拍摄进去，皮瑞的拍摄位置距离谐奇趣主楼很远

1. 法国人皮瑞拍摄的线法墙残迹，此时的线法墙主体建筑保存尚完好，只是门上的西洋钟已经不知下落

2. 瑞典人喜仁龙 1922 年拍摄的线法墙残迹，对比法国人皮瑞在 1876 年拍摄的照片，此时的线法墙已经被破坏得只剩下一半了，从这张照片上可以清晰地看到，线法墙的门是实心架构，说明以前只是起装饰作用而非出入的大门

—
谐奇趣遗址全景

—
现存北京大学未名湖内的原谐奇趣喷水池中的石鱼

—
线法墙遗址现状

1. 谐奇趣主楼遗址现状
2. 谐奇趣主楼北喷水池遗址现状

1
―――
2
―――
3

1. 谐奇趣的西洋石狮
2. 谐奇趣石刻构件
3. 谐奇趣西洋雕刻纹饰出水口

1. 法国人谢满禄 1882 年拍摄的小型蓄水楼残迹

2. 德国人奥尔末拍摄的黄花阵大门，由于拍摄时间较早，西洋大门保存得相当完好，透过门洞还能隐约看到黄花阵中心的西洋式凉亭。西洋大门下坐的就是和奥尔末一起去圆明园游玩的朋友，拍摄时间为 1873 年

1. 瑞典人喜仁龙 1922 年拍摄的蓄水楼残迹
2. 美国人毕士博 1915 年拍摄的迷宫残迹，此时的迷宫残迹比起 1873 年德国人奥尔末拍摄的那张几乎可以说是荡然无存，只有远处的小蓄水楼依稀可以见到一些残迹

$$\frac{1}{2}$$

3

1. 1989 年复建的万花阵大门，因为经费和众多原因，这次复建并没有复建万花阵历史上的西洋大门，而是简单地复建了一个内门
2. 蓄水楼遗址现状
3. 蓄水楼残迹

—
蓄水楼前的西洋石狮残迹

西洋楼由于主体材料大多是石构件，所以在被英法联军焚毁后，除中式屋顶被烧毁外主体建筑大多保存完好。大约在西洋楼被毁后十三年（1873），德国人奥尔末曾和几个朋友来到西洋楼景区游览拍照，为后人留下了一组宝贵的西洋楼早期残迹照片。从照片上可以看出，被毁十余年后的谐奇趣、万花阵尚保存完好。据史料记载，光绪二十二年（1896），慈禧皇太后还曾先后三次到万花阵游览，可见此时的万花阵尚保存完好。但仅过了两年，也就是光绪二十四年（1900），八国联军攻入北京，西洋楼景区幸存下来的一些残迹再次遭到土匪、流氓的彻底破坏，在随后的几十年里又陆续遭到八旗兵丁、军阀、老百姓的任意盗拆，到二十世纪七十年代末，西洋楼景区只剩下为数不多的一些石刻构件了，万花阵已夷为平地，谐奇趣三层主楼早已被拆得只剩下一些没人要的小石刻构件，南面大喷水池中的石鱼也已流散到了北京大学未名湖内，原喷水池四周的铜鹅、铜羊、铜猫、铜鸭早已不知去向。谐奇趣北面的小型喷水池则整体被搬到北京东城区翠花胡同某大院花园内，直到 1987 年才被移回复位。

蓄水楼在英法联军焚毁圆明园时只被烧掉了屋顶，主体建筑一直保存完好，在二十世纪二十年代的一些照片中仍然可以看到主体建构完整的蓄水楼。但从二十世纪三十年代末开始，蓄水楼就被迅速拆毁，今天我们除了能看到一小部分夯土地基外，其他构件荡然无存。万花阵也基本是同一时期被拆为平地的，二十世纪八十年代才按原样修复，可能是因为资料缺乏等原因，万花阵中心的凉亭本来是木结构建构琉璃顶，结果被复建为汉白玉石亭。新修的这座汉白玉石亭也是目前北京皇家园林中最大的一座石亭

养雀笼

养雀笼位于万花阵东侧，与西面的蓄水楼相对。养雀笼建成于乾隆二十四年（1759）。其中间为穿堂门，南北两侧则饲养着很多外邦进贡来的珍禽。养雀笼朝西的一扇门很像中式牌楼，而朝东的一扇则完全是西洋风格的。养雀笼是中西建筑结合的一个产物。欧式门楼平面呈八字形，中间券洞是铁花门，两边券洞做成壁龛式，里面雕花石座上是石雕饰瓶，墙面用欧式石雕柱装饰，门楼顶上有葫芦式石栏杆的女儿墙。站在门楼上可一览东路西洋楼景观，在养雀笼东西门外都设有小型喷水塔。养雀笼北侧是西洋库房。

美国人雷尼诺恩拍摄的养雀笼遗址全景，拍摄时间大概是 1902 年左右

彻底拆除前的养雀笼遗址

美国人毕士博 1915 年拍摄的养雀笼东面残迹

1. 这是目前发现的最早一张养雀笼东面残迹照片，是汤姆森·理查德在 1877 年拍摄的。从照片上可以看出，养雀笼主体建筑此时尚保存完好，不过在拍完此片 23 年后的 1900 年，养雀笼就被破坏得面目全非

2. 考古挖掘后的养雀笼遗址现状

1. 养雀笼遗址现状
2. 从养雀笼遗址上挖掘出的西洋楼水道铜管

养雀笼在 1860 年被毁后，主体建筑尚保存完好，但在一百多年的人为破坏后，主体建筑几乎荡然无存。
2015 年，北京市文物研究所对养雀笼遗址进行了考古挖掘，发现西洋楼水道铜管等遗迹。

方外观 五竹亭

方外观、五竹亭位于养雀笼东门外南北两侧。方外观、五竹亭与东面的海晏堂及大水法等建筑都是同一时期修建的。

方外观规模不大，上下两层，各三间，主体为四根巨型石雕方柱，下层明间券门带平台式门罩，两次间为椭圆形石券窗，楼上三间为石券花窗，东西两边各开角门一扇，可从楼外左右环形石梯直接登楼。大门和楼梯用青铜构制而成，异常精美。楼基东西长16米，南北宽约10米，占地约160平方米。方外观其实是一座清真寺，是乾隆皇帝为其维族妃子——容妃（香妃）修建的。每星期五容妃都要来到这里做礼拜，乾隆皇帝还命令在宫内挑选四名即聪明又精通伊斯兰教文化的宫女，陪伴容妃前往做礼拜。为了与其他建筑协调和谐而融为一体，方外观因地就势，取坐北朝南，但其内部礼拜殿则是坐西朝东，在方外观主体建筑贴面刻有由阿拉伯文、维吾尔文组成的几何图案。法国人亚乐园在二十世纪二十年代前往长春园调查，并写有《十八世纪耶稣会士所做圆明园工程考》，其中记载方外观内安放着两块伊斯兰教的圆形石碑，石碑上用阿拉伯文刻有"安拉爱奥斯曼，奥斯曼爱安拉"和"安拉爱阿里，阿里爱安拉"

方外观正面八

一
容妃

的字句。从伊斯兰教的历史来看，圣人穆罕默德归真后，其事业先后由艾卜·伯克尔、欧麦尔、奥斯曼和阿里四大哈里发（意为继承人）继承。但根据法国人的记载来看，只说有第三任奥斯曼和第四任阿里的石碑，并没有提到第一任艾卜·伯克尔与第二任欧麦尔，这显然是不对的。土耳其伊斯坦布尔的圣索菲亚大教堂改为清真寺后，内就有四大哈里发名字的石碑，所以方外观内也应该有四块石碑才对。之所以亚乐园在二十世纪二十年代调查时没有发现另外两块，可能是因为亚乐园考察方外观时，另外两块石碑已经丢失，再加上亚乐园本身对伊斯兰文化知之甚少，想当然地就认为方外观内只有两块石碑，不过遗憾的是这四块阿拉伯文石碑至今下落不明。

方外观南面与其相对的就是五竹亭。五竹亭是五座西洋竹式重檐亭，其枋、梁、檩为木构，外观则全部是竹子构成，并用彩色玻璃镶嵌，用贝壳装饰。早年五竹亭并不在现在的位置，而是位于谐奇趣北面，因其高大遮挡了周边的风景，在乾隆三十五年（1770）迁移到方外观南面。

1. 现存北京大学内的原方外观西洋石桥石构件
2. 现存北京大学未名湖畔的原方外观西洋石桥

1
—
2
—
3

1. 喜仁龙 1922 年拍摄的方外观残迹

2. 奥尔末 1873 年拍摄的方外观东南方向早期残迹。这张照片由方外观东侧向西拍摄，从这个角度能看到主楼两侧的环形台阶上异常精美的栏杆，整个建筑大体完好，尤其屋顶似乎没有受损，上方没有光线射下来，二层室内显得很暗。方外观的屋顶是重檐庑殿顶，从等级上来说高于谐奇趣采用的单檐庑殿顶

3. 法国人皮瑞 1877 年拍摄的方外观遗址，此时的方外观尚保存完好

1. 美国人毕士博 1915 年拍摄的方外观西洋石桥，后石桥被燕京大学搬走，今存北京大学校园内
2. 法国人谢满禄 1882 年拍摄的方外观及西洋石桥，此时方外观遗址已经逐渐被破坏性拆除

1. 方外观遗址现状
2. 方外观西洋石桥遗址现状

Inscriptions arabes du Fang-wai-koan

d'après des documents de l'époque, communiqués par J. Kin Hsiun

Ošman rzi Allah anà   *Ali rzi Allah anà*

——
方外观的阿拉伯文

方外观在 1860 年被毁后，主体建筑尚保存完好，但随着一百多年的人为破坏，如今的方外观仅存四根石雕方柱。原方外观主楼前两座西洋石桥在民国年间被搬运到燕京大学校园内，至今仍可在北京大学校园内找到这两座西洋石桥，一座位于北京大学西门内偏北的草丛中，另一座位于未名湖中岛北侧。

海晏堂

　　海晏堂位于方外观东面，是长春园西洋楼建筑群中最大的一组建筑。建成于乾隆二十四年（1759）。

　　海晏堂的正门朝西，两层十一开间，对称构图，西立面中部楼上设大门，大门前石阶分别立有石鱼、石狮各一对。门前左右有弧形叠落石阶数十级，沿石阶可从一层直接上到二层。石阶两侧除西式汉白玉栏杆外，还设计了跌水（水扶梯），水流沿跌水逐级跌落，流至楼前水池。

　　海晏堂前的喷水池呈菱形，池中间有座圆形喷水塔。池中有一雕刻精美的巨型牡蛎。在石牡蛎两侧，分别排列有十二尊人身兽首青铜雕像，每尊青铜雕像手捧玉笏，形态各异。北面从内至外依次是丑牛、卯兔、巳蛇、未羊、酉鸡、亥猪，南面从内至外依次是子鼠、寅虎、辰龙、午马、申猴、戌狗。十二生肖铜像按照时辰的排列，轮流自口中喷水一个时辰，即两小时。每到午时，所有兽首一起喷水，人们根据喷水的兽首就可以知道大概时间，所以又俗称水力钟。

　　海晏堂喷水池有一点值得一说，在西方国家，喷泉一般用裸体人像，按理说西洋楼喷水池也该用裸体人像，但在封建社会的中国用裸体人像作为喷泉会被认为是伤风败俗，不能容忍的。郎世宁、

十面西堂晏海

一
海晏堂喷水池
遗址现状

蒋友仁在中国居住多年，显然也是明白这个道理的，所以才用中国人熟悉的十二生肖作为喷水池雕像，将民俗文化融入西洋喷泉之中，是传教士长居中国宫廷深受中国文化熏陶的结果，是中西方文化交融的成功范例。

海晏堂不仅外观设计巧妙，内部也十分豪华。据史料和传教士回忆录记载，海晏堂内挂有乾隆御书"海晏堂"西式楠木金字横匾。内部设有宝座两张，上有皮花象牙席两张，南楼下挂紫檀木雕西洋人物大挂屏一个。其他屋内还陈设有西洋瓷花尊、西洋钟表、西洋玛瑙餐具、玻璃鹅项灯等西式物件，大多是西方国家送给中国皇帝的礼物。

海晏堂后是一座工字形平台楼，是供给附近喷泉水源的蓄水楼。这座蓄水楼从外表看起来是一座西式洋楼。洋楼的下部是走廊，上部建有阳台，东面有盘旋石梯可登楼。楼上中心部位是一个东西长 27.36 米，南北宽 5.72 米，池深 1.44 米的大水池，可容水约 180 吨，池底为防止漏水，全部用锡板焊成，俗称锡海。

在海晏堂蓄水楼内还建有水车房，海晏堂刚建成时，为机械提水，后因水车轮损坏，中国人又不会修理，最后只得改为人工打水上楼，勉强保障正常供水。

海晏堂四周还建有四个小型八角喷水池。西边的池里插铁制桂树一株，树下有两个铜猴手托大印一枚在捅马蜂窝，从水口喷射出来的水击到树上，群蜂飞舞，

水花四溅，两个小猴十分恐慌地溺于水中，俗称"封（蜂）侯（猴）挂印"。而东边的池里也设有一只铜猴坐在四只石刻山羊上，手执一把雨伞，伞顶喷水上升后落于伞面如下暴雨一般，俗称"猴打伞"。南北两个小型喷水池完全一样，只是位置相互交换了一下。

海晏堂十二生肖
兽首青铜雕像基座

三九三

1	2
3	4

1. 牛首
2. 猪首
3. 鼠首
4. 龙首

1
——
2

1. 法国人谢满禄 1882 年拍摄的蓄水楼遗址，照片上可以清晰地看到蓄水楼东面的盘旋石梯此时尚完好无损保存
2. 德国人汉茨·冯·佩克哈默尔在二十世纪二十年代拍摄的海晏堂东部残迹，这张照片从未公布过。照片中的房子就是居住在西洋楼遗址上的陆元纯家，此人的家族常年在圆明园遗址上居住，知道很多圆明园的故事，几乎每个到西洋楼景区游览拍照的西方人都愿意请他当向导，这也是他重要的收入来源之一。

1. 海晏堂蓄水楼夯土遗址现状
2. 加固改造后的海晏堂蓄水楼夯土遗址

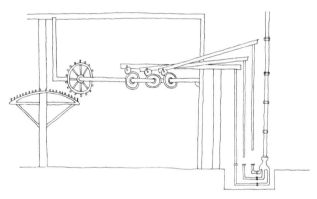

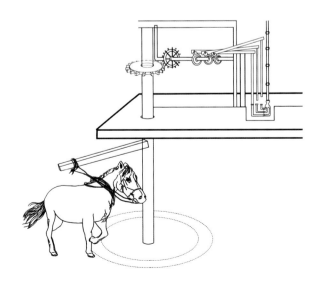

$$\frac{1}{\frac{2}{3}}$$

1. 海晏堂遗址上仅存的一座生肖兽首青铜雕像基座，中间的石孔就是当年为兽首供水的水道
2. 临摹的原西洋楼海晏堂内供水系统图纸（陈桂荣摹）
3. 西洋楼海晏堂蓄水楼供水系统想象图（沙卫焕绘）

　　海晏堂在被英法联军焚毁后，主体建筑尚保存完整。但随着庚子事件及清王朝的倒台，海晏堂由于建筑庞大，石件雕刻精美，成了西洋楼景区重点被破坏的对象。截止到二十世纪八十年代末圆明园遗址公园正式开放，海晏堂主体建筑仅剩蓄水楼高大的夯土台基尚存。堂前喷水池中的巨形石牡蛎一百多年来静静地躺在原址上，石牡蛎南北两侧的十二生肖兽首青铜雕像也早被人盗去。2000 年中国保利集团重金将其中的牛首、虎首、猴首买回国内，2003 年澳门何鸿燊出资 600 万将猪首从美国购回捐赠给了保利集团，猪首连同其他三尊兽首一起被收藏于保利博物馆。2007 年何鸿燊以 6910 万港币又将马首购得，曾一度存放在澳门新葡京赌场大厅，2019 年 11 月 13 日在中国国家博物馆隆重举行圆明园马首铜像捐赠仪式，2020 年 12 月 2 日马首正式调拨给圆明园永久收藏，马首也成为首个回归原始地的兽首。2009 年鼠首、兔首在法国被拍卖，成交价高达 2800 万欧元，但买家并未付款，2013 年 4 月 26 日，法国皮诺家族将鼠首、兔首捐赠给中国政府，二兽首现保存于中国国家博物馆。2018 年 12 月 17 日，龙首在法国一个拍卖行亮相，最终以 2400 万元人民币被一位华裔收藏家拍得，龙首已经回国。但蛇首、羊首、鸡首、狗首四尊兽首至今仍下落不明。希望这十二尊兽首能早日一起回到海晏堂前，向世人展示中西方文化完美的交融。海晏堂遗址于 1992 年进行过简单归位清理，2015 年北京市文物研究所又对蓄水楼夯土遗址及周边进行了考古挖掘，2016 年对蓄水楼夯土遗址进行了夯土加固工程。

远瀛观
观水法
大水法

大水法、观水法景区位于海晏堂东，由大水法、观水法及后来添建的远瀛观组成。占地面积约1万平方米。

"水法"意思就是水的戏法，也就是喷泉，大水法就是大喷泉的意思。大水法其实是一座大理石造就的，雕刻有精美花纹的大牌坊，牌坊中心有一巨型石龛，中券前边有狮子头喷水瀑布，形成七级水帘。前下方为椭圆形菊花式喷水池，池正中有一铜铸的梅花鹿，其角分八叉，由角顶喷出八道水柱，射向空中，又散落下来流入水池。鹿两侧有10只铜猎狗，从口中喷出水柱直射鹿身，俗称"猎狗逐鹿"。大水法的"猎狗逐鹿"的原型其实来源于罗马神话《戴安娜与阿特泰恩》的故事。戴安娜是宙斯与黑暗女神勒托所生，是阿波罗的孪生姐妹。她与阿波罗一样，司掌光明，她所掌管的就是月亮。此外，她还很喜欢狩猎，她射箭的技艺很高，经常在山林中追逐野兽，因此她除了是月亮女神外，还是狩猎女神。这个故事讲述了月亮和狩猎女神戴安娜和宁芙们（罗马神话里的小仙女）正在洗澡时，带着一群猎犬打猎的阿特泰恩无意中撞见了她们，阿特泰恩被女神们美丽的裸体惊呆了，戴安娜则非常恼怒，她把阿特泰恩变成了一头雄鹿，于是狩猎者变成了

大水法正面画

铜板画——大水法正面

观水法正面

—
铜版画——观水法正面

被狩猎者，阿特泰恩带来的猎犬们把这头雄鹿（即阿特泰恩）撕碎了。

西洋楼大水法在设计上很是巧妙，成功避讳了女神戴安娜的裸体形象，只用了猎犬和被戴安娜变成雄鹿的阿特泰恩来构成喷泉主体的雕塑形象。西洋楼的总设计师是米兰人郎世宁，离他的故乡米兰不远的意大利南部就有一座世界文化遗产——卡塞塔宫，这座建成时间比大水法晚不到二十年的王宫也有一组类似的喷泉，仔细对比会发现，卡塞塔宫的喷泉猎狗数量和西洋楼大水法的猎狗数量完全一样！说明这个时期，此类题材故事在欧洲很为流行。郎世宁一定也是知道并给乾隆讲述了这个西方神话故事，并得到了乾隆的默许建造了大水法前著名的"猎狗逐鹿"喷水池。

在"猎狗逐鹿"喷水池前东西还各建有一座十三级方型喷水塔，喷水塔底有大喷水管八根，还有小型喷水管八十根，喷出的水柱高达两米。

在大水法的正南就是观水法。观水法是清朝皇帝欣赏大水法的地方。观水法全部用白色大理石建成，台的正中设有皇帝的宝座，宝座的左右两边，各有一展翅欲飞的铜铸仙鹤，一根铜杆的两端分别衔在仙鹤口中，支成架子，杆上横布五色琉璃六棱流苏，由宝座靠背拉黄绸顶棚至前方鹤嘴横杆，形成一个半米长的小凉棚，皇帝就在此凉棚下的宝座上欣赏喷泉美景。

在皇帝宝座的后面，还建有一座高大的石屏风，屏风呈半圆形，嵌有五件屏心，上刻有西洋军旗、甲胄、刀剑、枪炮图案。石屏风东西两侧各立汉白玉方塔一座，在汉白玉方塔的两侧又各有一座巴洛克式西洋门，出门沿台阶可到泽兰堂。

在中国古代，皇帝大多坐北朝南，而观水法却是坐南朝北，看来为欣赏西洋喷泉，皇帝也只好放下架子坐南朝北了。

在观水法和大水法以北，于乾隆四十八年（1783）又添建了一组建筑，名叫远瀛观。远瀛观位于大水法北面的高台上，平面呈倒凹字形，共十七间房。远瀛观面宽五间，中间三间后退，立面成三段，中间部分为三层重檐庑殿顶，两边则是双层檐钟刻亭式楼顶。远瀛观门前摆西洋石狮一对，门窗皆安有玻璃，前后券门上的横披、两次券的扇、十六槽槛窗、四槽扇门口都是用高宽半尺多的方格玻璃镶嵌而成，共安玻璃1206块。在远瀛观上安有二十四个铸铜出水口，为中式龙头形状，下雨时，雨水同时从龙嘴中流出，景象十分壮观。远瀛观整体建筑由数十根优质汉白玉大石柱组成，这数十根汉白玉大石柱又以中间大门前的两根最为精美，此二柱柱头、柱身刻有下垂式葡萄花纹，雕刻精美，属清代石刻之精品。

1. 北京大学附属小学内的西洋楼远瀛观石刻构件
2. 猎狗逐鹿石座残迹
3. 远瀛观西北方向考古挖掘后的库房建筑基址

远瀛观内部陈设也十分豪华，殿内挂有乾隆四十六年（1781）闰五月乾隆御书"远瀛观"西洋花边玻璃匾。匾两旁还挂有对联一副。远瀛观内存有大量西洋人物及风景通景画，总面积超过两百平方米。远瀛观在乾隆时曾一度为容妃（香妃）寝宫，乾隆皇帝为博得容妃的欢心，特意按容妃的身材做了西洋式镀金铜床、西洋浴缸等家具。远瀛观内还到处摆放有西洋玩具、金银及珐琅质地的艺术珍品，连法国国王所赠的土耳其挂毯及英王乔治三世送给乾隆皇帝的一架天文仪器——天体运行仪也陈设在殿内。

	2
1	3
	4

1. 亚乐园 1927 年拍的大水法前的石鱼，一共两只。不久此石鱼就被人搬运到了北京西单附近的私人宅院内。2007 年 11 月，圆明园管理处将其运回圆明园

2. 大水法石鱼 20 世纪初就被人搬到了北京西单附近的私人宅院内

3. 2007 年，大水法石鱼回归圆明园

4. 现存圆明园展览馆内的大水法石鱼

1 | 2
3

1. 瑞典人喜仁龙 1922 年拍摄的远瀛观残迹
2. 喜仁龙 1922 年拍摄的远瀛观残迹
3. 喜仁龙 1922 年拍摄的远瀛观残迹

$\dfrac{1}{2}$

1. 奥尔末拍摄的远瀛观，此时的远瀛观只有大门及内部被大火焚毁，主体结构十分完整，不过门前的西洋石狮已经没有了下落，只有须弥座还在原地。

2. 理查德 1877 年拍摄的观水法巴洛克式西洋门

1
—
2

1. 十三级方型喷水塔遗址
2. 法国人谢满禄 1882 年拍摄的大水法遗址正面

1
___
2

1. 大水法遗址现状
2. 远瀛观遗址现状

1. 观水法石屏风屏心雕刻
2. 圆明园西洋楼巴洛克式西洋门座细节

1. 观水法巴洛克式西洋门遗址，仅存台阶地基
2. 观水法遗址现状

1
2 | 3

1. 美国人西德尼·戴维·甘博 1919 年拍摄的观水法遗址
2. 还在原址但已经被破坏的原观水法皇帝宝座西洋护栏
3. 现存圆明园展览馆的原观水法皇帝宝座西洋护栏

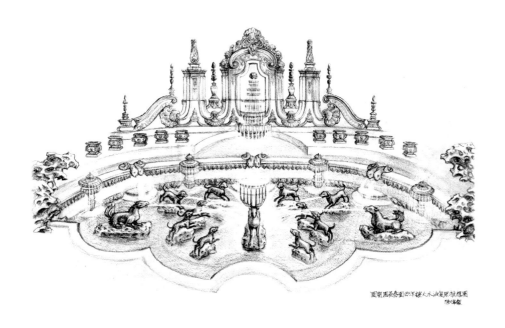

—
圆明园长春园西洋楼大水法复原推想图（陆伟制）

　　大水法、观水法及远瀛观在 1860 年被英法联军焚毁，由于三组建筑主体建筑皆为石刻，所以被焚毁后整体建筑尚保存完好，大量石刻构件散落地面。根据德国人奥尔末在圆明园被毁后十多年拍摄的照片分析，此时观水法及两侧巴洛克式西洋门尚保存完好，大水法中巨形石龛已无，但其余保存尚好。而远瀛观玻璃门窗已无，门前石狮也不知去向，但整体建筑格局比较完整，随后几十年相继发生庚子事件及清王朝灭亡，观水法及远瀛观由于石件雕刻精美且数量巨大，所以成为不法分子猎取的对象，而且许多奸商经常勾结守园的太监盗卖石刻，有一次在盗卖观水法石屏风的时候，因价格问题发生争执被贝勒载涛发现并将石刻追回，才保住这五块屏心及两边的小方塔。载涛虽将石刻追回但并未将其归位，而是将石刻丢弃在自己的私家花园内，直到 1977 年才由圆明园管理处运回并按原样归位。可石屏风的石雕框早年已被毁，我们今天只能看到五块屏心和两座小方塔。大水法前的一对石鱼后 2007 年被笔者发现并成功回归圆明园，这也是 21 世纪以来，首件回归圆明园的西洋楼石刻。2016 年，北京市文物研究所对大水法、远瀛观遗址开始进行考古挖掘，在远瀛观西北方向发现了库房等建筑基址。

方河
线法山

线法山位于大水法东面。占地面积 6500 平方米。

在大水法景区与线法山之间有一座四柱三间西洋式牌楼，中间大门为圆券式，两旁小门则为方券式，十分精美。

线法山是一座人工堆成的土山，高约 8 米。山的四面均有五尺宽的盘山道蜿蜒而上直到山顶，道旁砌以黄绿二色琉璃矮墙。因为当年乾隆皇帝喜骑马顺山道盘旋上山，此路又迂回曲折总给人一种半天也走不到头的感觉，所以当时俗称转马台。在山顶建有一座双檐八角四券西式凉亭，站在凉亭内可俯视大水法、远瀛观的西洋水法，东则可远眺方河及线法画。

在线法山的东面与西面相对应也修建有一座西洋式牌楼，俗称螺蛳牌楼。此牌楼呈三个弓形，与西面一样，中间大门为圆券式，两旁小门则为方券式。正门石券上檐雕刻有哈喇云加蕃草，还雕有军鼓、军旗六面，南北两券上檐刻有石刻花瓶，并配以军鼓、刀箭装饰。

在螺蛳牌楼东面，开凿了一条东西长 144 米，南北宽 50 米的方河，方河沿岸是用整齐的条石筑成，泉水通过暗管从狮子林流入。在方河南北两岸有线法墙，为西洋楼南北界墙，从螺蛳牌楼至

铜版画——线法山正面

線法山正面十八

铜版画——线法画

长春园东墙全长为 259.2 米。

方河南北两岸的线法墙，也称线法画。线法画是由七道左右对称的八字状断墙组成，墙面挂着反映意大利威尼斯水乡街景的油画。这些油画可以随时更换，在线法画最东面南北两角建有两个库房，每次换下来的油画就存放在这两个库房内。据说当时乾隆为讨好容妃（香妃），此处还曾挂过反映新疆阿克苏地区街市景色的油画，容妃是西北回部人，经常思念自己的家乡，自从线法墙挂了自己家乡风景的油画，容妃一旦思念故乡，就可以站在线法山向东望，就像真的看到自己家乡一样。

1
—
2

1. 铜版画——线法山门正面
2. 根据法国人亚乐园 1927 年拍摄的照片复原的方河景观（陆伟绘）

1
—
2

1. 1875 年拍摄的线法山山顶的八角四券西式凉亭残迹
2. 丹麦人布莱克索弗斯 1915 年拍摄的线法山西面西洋式牌楼残迹，此时两旁小门券尚保存完好，中间隐约可以看到线法山山顶西洋式凉亭残迹

$\dfrac{1}{2}$

1. 法国人亚乐园 1927 年拍摄的方河西岸，线法山东面西洋式牌楼尚存部分残迹
2. 法国人谢满禄 1882 年拍摄的线法山西面遗迹，从照片上能清晰地看到线法山
　　山顶还尚存没有被完全毁坏的八角四券西洋式凉亭残迹

1
—
2
—
3

1. 线法山山顶西式凉亭
遗址现状
2. 线法山遗址现状
3. 线法墙遗址现状

1	2
3	4
	5

1. 线法山遗址西侧的雨果像
2. 线法山残存的石刻
3. 北京内务部某院内原线法山石刻
4. 线法画遗址已经变成了停车场
5. 方河遗址现状

　　线法山、线法墙在 1860 年被英法联军焚毁破坏后，一直处于无人管理状态，石刻构件被大量拆毁盗卖，1933 年，线法山上曾修建有哨所三间，并有四名警察住在此负责看守园内石刻，但没几年便因战乱撤销。现仅存土丘一座，东西两边的西洋式牌楼早年就已被拆毁，部分构件后被人盗卖入京城，今北京东城内务部某院内就有原线法山石刻三件。方河遗址现基本保持完好，但方河南北两侧约 260 米的线法墙早已被全部拆毁。线法墙遗址现已被改做圆明园东门及停车场使用，地基被深埋在地下，具体位置还要等待考古挖掘才能找到。

绮春园

绮春园曾是怡亲王允祥的御赐花园，名为交辉园。到乾隆中期该园又改赐给大学士傅恒，易名春和园。乾隆三十四年（1769）又将春和园归入圆明园，正式定名为绮春园。乾隆时期的绮春园除宫门和正觉寺以外，几乎没有什么大型建筑，只有一些小型的亭台楼阁点缀其间，如浩然亭、涵远斋、知乐轩、联晖楼，竹园、双寿寺、庄严界、环秀城关等。乾隆皇帝甚至连一首描写绮春园的诗句也没有留下来。直到嘉庆朝将绮春园西边两处赠园并入，并加以修缮、添建才初成规模。到了道光元年（1821），绮春园东路被改建成为皇太后寝宫。此时的绮春园经过乾隆、嘉庆、道光三代皇帝的经营才达到全盛规模，但此时的清王朝已经开始走下坡路。全盛时期的绮春园无论是质量还是规模都无法与圆明园及长春园相比。

被毁前的绮春园面积比长春园略小，为54.3公顷。由于绮春园是由若干个小园子合并而成，所以全园没有一个统一完整的布局，各园之间相对独立，但园林设计者将河道使彼此相连通，使各个独立的小园子相互串联起来，使之联成一个整体，这也是绮春园不同于圆明园与长春园之处。

绮春园在咸丰十年（1860）被英法联军焚毁后，山型水系一直保留完好，同治十二年（1873），同治皇帝载淳为给其母慈禧太后庆祝四十岁生日，曾拟重修绮春园，并下令更名为万春园，慈禧还曾亲自审批过设计烫样。但由于国库拮据，重修工程刚开始进行就被迫停工，但更名后的万春园名称却流传下来，所以有人称呼为绮春园，有人称呼为万春园，为求统一，本书中一律按绮春园称呼。

绮春园宫门

绮春园早期宫门建设时间和地点已不可考，现在宫门的位置是嘉庆十四年（1809）添建的，俗称新宫门。

新宫门坐北朝南，南起宫门广场前大影壁，北至中和堂前的寿山，南北长近200米，占地面积2.4万平方米。

新宫门前建东西朝房各五间，正南有长近30米的大影壁，在影壁与宫门之间用木栅栏围成一个小广场。影壁外侧为环园护城河，在护城河两侧还建有皇太后外膳房、奶茶院等大小建筑五十五间。

绮春园宫门为五间卷棚歇山顶门殿，门内檐悬挂乾隆御书"绮春园"金字匾，宫门为皇帝与皇太后出入专用。在宫门两侧还分别建有两个角门，王公大臣奉旨入园需从东面的角门进园，而太监、杂人则由西面的角门进出园子。原绮春园宫门前应摆有狮子一对，但资料文献均无记载，已不可考。

进入宫门后，有月牙河一道，河上有汉白玉石桥一座，过了石桥是五间穿堂门殿，规格略小于宫门，俗称二宫门。二宫门两侧各建有角门

迎晖殿复原图

一扇，与宫门一样为王公大臣及太监、杂人出入。

　　二宫门内便是绮春园中皇帝的正殿，嘉庆时称勤政殿，道光皇帝即位后更名为迎晖殿，并亲笔御书匾额挂在大殿外檐下。迎晖殿为五开间，四周设有围廊，殿前有月台，殿内有宝座。道光时期每到皇太后圣寿节，皇太后便由畅春园搬至绮春园，在此殿内接受群臣、众妃们朝贺。道光二十九年（1849）孝和睿皇太后病逝，曾在迎晖殿内停灵祭奠。咸丰五年（1855）七月，孝静成皇后博尔吉济特氏（康慈皇太后）在紫禁城内寿康宫去世，七月二十一日，梓官奉移到绮春园迎晖殿停放，咸丰皇帝亲自跪迎。十月，梓官奉移慕东陵隆恩殿内。

　　迎晖殿后有后殿七间，外檐悬挂嘉庆御书"中和堂"匾，此殿有东西长廊与迎晖殿相通，为皇太后接受朝贺时休息的场所，中和堂内设有供皇太后休息的风床。殿后即为寿山，过寿山便可进入皇太后寝宫。

一

道光静妃，康慈皇太后

1. 同治拟重修时宫门烫样
2. 绮春园宫门内考古挖掘出的月牙河河道

一

1986 年复建绮春园宫门

美国人西德尼·戴维·甘博 1919 年拍摄的绮春园宫门

　　绮春园宫门区在咸丰十年（1860）被英法联军焚毁后，宫门、东西朝房、影壁幸存了下来，同治年间还曾小范围修补过。1900 年庚子事件后，圆明园处于无人管理的状态，但绮春园宫门与西边的正觉寺由于位置较偏，并没有被破坏，成为该园仅存的两处建筑。但好景不长，1927 年香山慈幼院计划在绮春园东南方修建香山中学，便以低价收购了绮春园宫门，并将其拆除，但最后香山中学并未建立，而宫门则被夷为平地。1986 年，圆明园管理处复建了宫门、二宫门及角门。2004 年又将宫门前东西厢房基础清理加固，并将宫门与二宫门之间的月牙河河道挖出，但并未恢复原有河道，而是铺以草坪以示区分。

敷春堂

敷春堂位于迎晖殿北，是绮春园宫门内的中心景观，分西路、中路、东路三部分。南北长200米，东西宽270米，占地面积5.26万平方米，是绮春园内最大的一组建筑群。

从绮春园新宫门区最北部的寿山穿过，首先看到的是宫门三间，俗称内宫门。进入内宫门后首先映入眼帘的是前殿五间，外檐悬挂嘉庆御书"集禧堂"匾，道光朝后更名为颐寿轩。集禧堂实际上是一座穿堂殿，殿前东西各有朝房三间，也是穿堂殿，出西朝房可到西路花园，出东朝房可通往东路各殿宇。穿过集禧堂便来到此景区正殿——敷春堂。敷春堂始建于嘉庆时期，起初为嘉庆皇帝寝宫，也是绮春园中最大的皇帝寝宫，道光朝时，由于畅春园长久得不到修缮，很多殿宇破旧不堪，已不适宜皇太后居住，道光皇帝便下旨将皇太后搬至敷春堂居住，并将敷春堂更名为永春堂。

敷春堂是一座前后各五间的工字形大殿，在前殿与后殿明间和东梢间均设有宝床，殿内在道光朝后期还设有火炕，前殿与后殿都有仙楼。

敷春堂前后殿都有游廊通往北面及西面的花园。西面花园由南向北分别是淙玉轩、镜绿亭、蔚藻堂及占黛亭。其中又以蔚藻堂景色最为幽美，

敷春堂复原图

蔚藻堂修建在高高的假山上，假山东面修有爬山游廊与敷春堂后殿相连接。蔚藻堂内设有宝座床，每到八月十五日，皇太后在此赏月。

在敷春堂正北有五间二层楼，楼上外檐悬挂嘉庆御书"问月楼"匾。楼前有青山石罩壁，楼后有临水码头，从码头上船可通往绮春园其他景区。楼下设有宝座床，楼上楼下均有廊，站在楼上可欣赏整个敷春堂景区。

敷春堂东路为太妃、太嫔寝院，包括东住所、西住所及西南所。敷春堂与东路各组建筑有宫门相连接，称东宫门。东宫门为三门，门檐悬挂匾额"翠云崇霭"，门外北侧就是东二所、西二所，门南侧是东南所。

东西二所的建筑形式完全一样，东西对称，前后为六排。第一排为门殿，共九间，为首领太监居住。第二排是五间穿堂殿，西二所第二排为佛堂与库房，而东二所第二排则是宫女所住。第三排、第四排为主殿，各有五间，据史料记载，道光皇帝的彤嫔、祥嫔及八公主和硕寿禧公主、隐志郡王的福晋等都住在第三排、第四排层正殿内。第五排为七间，住的都是贵人、常在、答应等。最后一排为库房。

东南所位于东西二所以南，西南与集禧堂东配殿相通。东南所由六座大院组成，共六七十间房屋。居住的也是一些嫔、常在等级别较低的主子，陪同她们一起居住的还有一些宫女，在这几座大院内还建有为皇太后服务的寿膳房、寿药房等。

道光时期，孝和睿皇后（恭慈皇太后）就居住在敷春堂。

咸丰十年（1860），英法联军焚毁圆明园时，这里的太嫔及宫女大多并未随咸丰皇帝逃往热河，再加之当时守园军队早已逃离，这里完全处于无人管理状态，有的逃离，有的则被突如其来的事件所惊吓，像住在东南所中部的道光帝常嫔就因过度惊吓而一命呜呼。死后尸体也无人管理，最后与东南所一起被焚毁，英法联军退后，才将其烧焦的尸体埋入京西田村。

敷春堂在被英法联军焚毁后，仍有一些建筑尚存，同治十二年（1873）曾有计划修复此处作为慈禧寝宫，将敷春堂改为四卷大殿，按照慈禧的意思，更名为"天地一家春"来纪念自己早年发迹的地方。工程开工还不到一年，就因为国库空虚而不得不停工。光绪二十二年（1896）慈禧曾两次从颐和园来敷春堂遗址游览。

孝和睿皇后（恭慈皇太后）朝服像

1
2
3

1. 敷春堂北码头现状
2. 敷春堂大部分建筑位置现属圆明园管理处
3. 同治年间拟重修敷春堂烫样

1."敷春堂"宝玺
2."敷春堂"宝玺印文
3.问月楼出土的青玉太狮少狮（高 20cm，长 33cm，宽 15cm，约重 15 公斤），现为首都博物馆收藏

敷春堂遗址残存建筑在 1900 年庚子事件中全部被毁。此遗址中路与西路现为圆明园管理处所在地，东路为万春园别墅，原有建筑基址已很难找寻。

心镜轩

心镜轩位于绮春园东南角，是一处集山水人文于一体的景观。占地面积1.75万平方米。

心镜轩建造时间与西面的新宫门及迎晖殿为一个时期。正殿心镜轩，坐落在迎晖殿东配殿以东的小岛上，四面环水，西有木桥与对岸相连接。心镜轩由两座三间临水殿和一座凉亭组成。在岛的南岸还有一组临水榭与其成为对景。心镜轩四面湖水环抱，风景秀美，是当年皇帝纳凉休闲的佳处。

心镜轩毁于英法联军之火，后一直处于无人管理状态，池岛逐渐湮没，解放后一直为一家化工厂占用，现原址已很难寻找。

心镜轩

天心水面

鉴碧亭

鉴碧亭与天心水面位于绮春园宫门内西侧。鉴碧亭与天心水面是两个小岛，鉴碧亭在南略小一些，天心水面在北较大一些。

鉴碧亭是一座重檐方亭，四周有廊，鉴碧亭嘉庆时就已建成，嘉庆皇帝很喜欢这个坐落在湖中央的大亭子，曾多次写诗赞美。

天心水面位于鉴碧亭北部的岛上，为五间南北向，前后各接抱厦三间，北与庄严法界隔河而望，北面外檐挂"天心水面"匾，南面外檐挂"玩鹤亭"匾。

在天心水面岛东南跨溪今仍残存有半个单拱石残桥一座，此桥本是天心水面与东面敷春堂相连接的一座很普通的石桥，但因圆明三园其他桥梁均已毁坏，此桥便成了圆明三园唯一一座保存至今的老石桥。

1. 残桥雪景
2. 鉴碧亭雪景

一
天心水面码头遗址现状

鉴碧亭于 1993 年在原基址上复建，游人可从东面铁桥登岛参观。而天心水面景区现被开辟为儿童乐园，北部原天心水面的建筑基址至今仍可辨认。

凤麟洲

凤麟洲位于敷春堂以北的湖中央，由东西二岛组成，二岛占地面积 3800 平方米。

凤麟洲的名字取自道教十洲之"凤麟洲"。正殿坐落在西岛上，七间两卷接前抱厦，殿外檐悬挂嘉庆御书"凤麟洲"匾。殿内设有宝座床，在正殿东还建有三间两卷套殿，套殿前为一小院，院南建有月亮门。

在西岛正殿前还建有敞厅三间，外檐悬挂嘉庆御书"绣漪轩"匾，绣漪轩东西建有游廊与正殿相连，绣漪轩南为临水码头。

凤麟洲东岛是一个带垂花门的简单四合院，为太监值班房及寿膳房。

凤麟洲一直是皇太后夏日避暑纳凉之处，皇太后一般是由南面问月楼码头乘船至绣漪轩码头登岛，在凤麟洲殿内用膳休息。

凤麟洲北岸还建有重檐四方亭一座，名曰浩然亭。此亭在乾隆时期就已建成。

1.清嘉庆"凤麟洲""水净沙明"翡翠组玺
2.清嘉庆"凤麟洲""水净沙明"翡翠组玺印面

1. 凤麟洲西岛南码头遗址现状
2. 凤麟洲遗址现状

　　凤麟洲二岛遗址 1992 年已清理出驳岸及部分岛上建筑地基，并在西侧仿建了九曲桥，岛北岸的浩然亭也在原址上复建。

涵秋馆

涵秋馆位于敷春堂西北的长岛上。占地面积 1 万平方米。

涵秋馆建于嘉庆年间，是绮春园春（春泽斋）、夏（清夏斋）、秋（涵秋馆）、东（生冬室）四季景观中的秋景。

涵秋馆坐北朝南，为七间双工字大殿，外檐悬挂嘉庆御书"涵秋馆"匾。在双工字大殿间中设有叠石喷泉。涵秋馆前后殿内均建有仙楼，后殿东经套殿折而北还建有三间套殿。嘉庆皇帝对涵秋馆这组建筑很是喜欢，曾作诗云："遇润秋来早，新凉庭院涵。松梢涛韵漾，池上镜光含。旭皎辉高宇，明霞衬远岚。蝉音答丛樾，何馥送澄潭。"

在涵秋馆东北处建有仙人承露台。据说立仙人承露起源于秦汉时期，最初立于阿房宫前，后来汉武帝又将其立于建章宫内。传说汉武帝为了长生不老，幻想用铜仙承露盘收集露水和着玉屑而服用，以求长生不老。元代忽必烈曾在大内琼华岛立有仙人承露台，乾隆皇帝仿其形式在涵秋馆东北处也立有一个，不过，连乾隆皇帝自己都认为设承露盘并不是为了收集甘露，而是园林缀景艺术的装饰品。仙人承露台立于山石之中，台高 7 米，台上站有一个铜铸托盘的仙人，仙人面东，台前有四柱石栏。

涵秋馆复原图

涵秋馆

1
—
2

1. 瑞典人喜仁龙 1922 年在圆明园拍摄的仙人承露台残迹
2. 民国时期的中山公园内仙人承露台旧照

1. 二十世纪八十年代复原的仙人承露台
2. 原涵秋馆仙人承露台须弥座现被摆放在中山公园西北角游船码头前的广场上

涵秋馆遗址在 1987 年被简单清理过建筑地基，现涵秋馆遗址上建有一座临时商业用房。涵秋馆东北处仙人承露台在 1989 年基本按原样修复，只是仙人并未用铜重铸，而是用墨玉石重新雕刻。仙人所站的石雕须弥座也是新雕刻的，原石雕须弥座在民国年间被中央公园（中山公园）运去做喷泉底座使用，解放后喷泉被拆，须弥座今被摆放在中山公园西北角游船码头前的广场上。

庄严法界
展诗应律

展诗应律景区位于涵秋馆西，绮春园后湖南岸。占地面积 8700 平方米。

展诗应律景区建于嘉庆年间。正殿五间，坐北朝南，外檐悬挂"展诗应律"匾，此殿是一座看戏殿，殿内设有宝座，东西次间还设有床，屋内建有仙楼。殿北有月台，月台之外设有临水码头，在此乘船可通往绮春园其他景点。

展诗应律殿南为戏台，外檐悬挂"庆乐升平"匾。戏台南建有扮戏房五间，这里是皇太后在绮春园主要的看戏场所。每到正月十五元宵节、五月初五端午节及皇太后圣寿节这里都要唱戏多天。道光皇帝就曾多次陪同皇太后在此听戏进膳。

在戏台西建有一座坐西朝东的二层阁楼，内檐悬挂"栖云阁"匾，是皇太后登高眺望后湖的佳处。

在栖云阁南还建有一座四方小亭，名曰云溪亭。

在庆乐升平戏台扮戏殿南，湖对面，有一个东、南、北三面都临水的小半岛，岛上建筑皆为黄琉璃瓦覆顶，这就是建于道光时期的小型寺庙园林——庄严法界。

庄严法界占地面积 3200 平方米，由东西两组院落组成。西边为二进大殿，山门为方亭式，门外檐悬挂道光御书"庄严法界"匾。进入山门后，南北并排建有两组五间硬山式大殿，前殿悬挂"法光无量"匾，后殿悬挂"得大自在"匾。殿内都供奉有佛像。

在东面还有一组小院，建有南北房各三间，无匾，应为僧侣住房。小院东西各开有一门，西门与西边二殿相通，东边为什锦漏窗院墙，中间设有一门，可通院外。

展诗应律复原图

四五三

$$\frac{1}{2}$$

1. 展诗应律北码头遗址
2. 展诗应律遗址现状

1
—
2

1. 庄严法界遗址现状
2. 承德避暑山庄"浮片云"小戏台，此戏台
　 与展诗应律景区的小戏台很相似

　　展诗应律景区在绮春园被毁后曾一度用作马厩，原有遗址大多已不可寻，唯有展诗应律殿北码头遗址尚可找到。展诗应律南面的庄严法界在 1860 年并未被英法联军焚毁，同治、光绪年间还一度有太监在此看守，直到 1900 年于庚子事件中毁于战乱。现遗址尚保存完好，待条件成熟时，可进行考古挖掘。

春泽斋

春泽斋位于展诗应律西侧，北临后湖，南俯清池，为绮春园四季景观中的春景。占地面积8500平方米。

春泽斋建于嘉庆年间，由东西并排的三座院落组成，共有殿宇五十五间，游廊一百零五间。有四方亭、六方亭、十字亭各一座。正殿面阔七间接三间前抱厦五间后抱厦，外檐悬挂嘉庆御书"春泽斋"匾。殿内设有宝座并建有仙楼。

春泽斋殿南临水建有敞厅三间，外檐悬挂嘉庆御书"水心榭"匾，水心榭东西建有游廊与春泽斋殿相连。嘉庆皇帝曾有诗句"曲折回廊四面周，水心虚榭景全收"来描写水心榭。

在春泽斋东为中院，中院正殿五间，前后有廊，外檐悬挂嘉庆御书"畅惠轩"匾，此处与春泽斋其他地方不同的是畅惠轩前砌有花墙，正中开有小门一座。在畅惠轩花墙外临水处建有临水抱厦殿三间，内悬挂匾额"蘋香沜"。

畅惠轩东还有一座小院，称东院。东院正殿五间，前后有廊，外檐悬挂嘉庆御书"茂悦精舍"匾。此殿是嘉庆十五年（1810）添建的。殿东西建有游廊，游廊东中部建有十字亭一座，游廊经十字亭南折向东，通至展诗应律景区。

在茂悦精舍殿南有穿堂殿三间，外檐悬挂"惠圃"匾，穿堂殿东西有游廊与其他殿宇相通。惠圃游廊西南过印月桥可通至生冬室景区。

另外，在春泽斋西南的三间二层楼，名曰时登楼。在时登楼西还建有三间门殿，门殿外檐悬挂匾曰"含德园"，出此门可进入绮春园西路。

春泽斋复原图

$\dfrac{1}{2}$

1. 春泽斋东北临水码头遗址现状

2. 现存正觉寺内的嘉庆御笔"清澄秋爽"石匾

　　春泽斋景区在咸丰年间被英法联军焚毁后一直作为农民自留地，在二十世纪九十年代春泽斋遗址曾被辟为神奇岛动物乐园。今遗址及水池驳岸尚可找寻。

　　值得一提的是，在 1986 年清整绮春园山形水系时，在春泽斋遗址附近挖掘出嘉庆御书"清澄秋爽"石匾一块，此匾为春泽斋附近水关上的石匾。

生冬室

生冬室位于春泽斋南。占地面积 8000
平方米。

生冬室是绮春园春、夏、秋、冬四季
景观中的冬景。在乾隆时期就已经建成，
乾隆时叫明善堂，嘉庆时期进行了扩建和
改造，更名生冬室。

生冬室正殿七间，前出抱厦三间，后
出抱厦五间，室内中层殿西间西南部设有
戏台。戏台高 4.45 米，面积为 5.02 平方米。
此戏台一直是绮春园内皇太后园居游乐的
主要场所。一般遇上下雨或恶劣天气，皇
太后都到生冬室内的戏台看戏。

生冬室东西套殿与正殿相连。此处为
皇太后欣赏荷花之处，生冬室东套殿东北
角过印月桥与春泽斋相连接。

生冬室南面有一小岛，山石之间建有
三间敞厅，敞厅外檐悬挂"卧云轩"匾。

$$\frac{1}{2}$$

1. 生冬室南岛遗址现状
2. 生冬室南岛遗址现状

一
生冬室遗址雪景

生冬室在被英法联军焚毁后一直为农民用地。1986 年曾对生冬室周边的山形水系进行过小范围开挖清整。

现遗址山形水系依晰可辨，二十世纪九十年代，生冬室遗址曾一度被辟为神奇岛动物乐园。

四宜书屋

四宜书屋位于生冬室西长河对岸。占地面积两万平方米。

四宜书屋建成于嘉庆年间，是一个相对独立的区域，整个景区由一根中轴线南北贯穿。中轴线上由南向北依次由夕霏榭、宫门广场、宫门、前殿、后殿组成。

最南面的夕霏榭是一座六方亭，此亭地势较高，是欣赏整个四宜书屋景区的最佳地点。夕霏榭往北过广场便是宫门，宫门为三开间，外檐悬挂御书"四宜书屋"匾。进宫门就可看到垂花门一座，垂花门东、西建有游廊与北面的前殿、后殿相连接。前殿及后殿东西还建有跨院。

嘉庆皇帝对四宜书屋十分喜欢，称其"春夏秋冬各擅奇，平皋书屋四时宜。纱橱温室连青锁，细柳名花绕碧池"。四宜书屋在道光朝后改为太妃、太嫔的寝院。咸丰朝后，除道光帝遗孀琳贵太妃及九公主外，其余嫔妃等都搬到敷春堂东二所居住。四宜书屋实际上就成了琳贵太妃的私人寝宫。琳贵太妃，乌雅氏，为道光晚年宠妃之一，咸丰皇帝尊其为皇考琳贵太妃。道光皇帝皇七子醇亲王奕譞

四宜书屋东南玉兰桥
遗址现状

（光绪皇帝生父）、皇八子钟郡王奕詥、皇九子孚郡王奕譓都是琳贵太妃所生。琳贵太妃当时的地位实际上只比居住在东面敷春堂的皇六子恭亲王奕䜣生母康慈皇贵太妃级别略低一些（咸丰朝无皇太后）。

四宜书屋遗址现属北京一零一中学校园，四宜书屋夕霏榭南侧土山尚保存完好，东南角河道及石桥遗址今仍可找寻。四宜书景区周边山形水系尚未完全清理，来此探寻要注意安全。

喜雨山房

喜雨山房复原图

喜雨山房位于绮春园西路东北隅，由喜雨山房、知乐轩、烟雨楼三组建筑组成。占地面积 2.5 万平方米。

喜雨山房和知乐轩两组建筑在乾隆时期就已建成，而烟雨楼则是嘉庆十五年（1810）添建的。

正殿喜雨山房坐北朝南，前后有廊，北接抱厦三间，外檐悬挂"喜雨山房"匾，此匾为嘉庆皇帝御书。喜雨山房在乾隆时称乐水山房，嘉庆对其大修后更名喜雨山房，并在殿旁卧碑一通，碑刻嘉庆皇帝《御制喜雨山房记》，礼部尚书铁保楷书。

喜雨山房以北隔池相望建有二层楼阁一座，楼坐北朝南，前接抱厦三间，名烟雨楼，为嘉庆十五年仿浙江嘉兴烟雨楼建造。

在喜雨山房西南，还有一组院落，由五间穿堂殿及二十六间值房组成，此组建筑在乾隆时期就已建成，初名知乐轩，嘉、道时期对其进行过修缮。这次修缮后，门殿匾额改为"假表盘"。

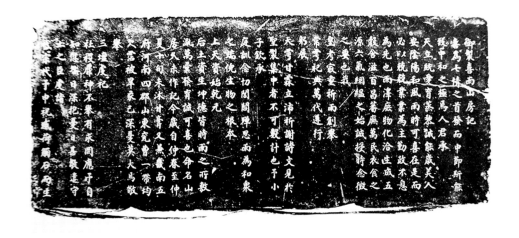

中国国家博物馆藏《御制喜雨山房记》碑刻拓片

承德避暑山庄烟雨楼

喜雨山房建筑在咸丰十年（1860）并未被英法联军全部焚毁，其北岸残存值房三间，而假表盘基本完好，可惜四十年后残存部分建筑毁于庚子事件。《御制喜雨山房记》卧碑今存中国国家博物馆。喜雨山房遗址今为一零一中学校舍，山形水系已很难辨认。

延寿寺
清夏斋

延寿寺与清夏斋复原图

清夏斋、延寿寺位于喜雨山房景区西南。占地面积1.3万平方米。

清夏斋所处的位置原为乾隆皇帝第十一子成亲王永瑆的私人花园，名曰西爽村，并不属于绮春园。嘉庆四年（1799）乾隆皇帝驾崩，嘉庆皇帝以罪处死和珅，将和珅私人花园转赐给哥哥成亲王永瑆，将永瑆原有的西爽村并入绮春园并进行了大规模修缮与添建。

新修缮的正殿坐北朝南，为工字形大殿，前殿后殿皆为七间，中连穿堂殿三间。前殿外檐悬挂嘉庆皇帝御书"清夏斋"匾，为绮春园春、夏、秋、冬四季景观之夏景。清夏斋前殿设有宝座，而后殿则为寝宫。在咸丰时期，嘉庆遗孀如皇贵太妃就居住在清夏斋。

1
—
2

1. 同治拟重修清夏斋时烫样
2. 延寿寺遗址现为一零一中学操场

清夏斋后殿东部建有套殿，套殿东面与其相连建有镜虹馆。

清夏斋前殿南修有平台，平台南为水池。池中饲养锦鳞数百头，此处是喂鱼赏荷的佳处。在清夏斋前殿东还建有重檐十字亭一座，外檐悬挂嘉庆御书"天临海镜"匾，十字亭东西建有游廊与清夏斋前殿和东面的延寿寺相通。

清夏斋的宫门修建在西边，为三间，宫门悬挂"悦心园"匾。在宫门内南侧建有流杯亭一座，亭为四角单檐攒尖顶，檐下悬挂"寄情咸畅"匾。寄情咸畅亭的流杯渠座中心部分由九块石头拼成，图案与故宫禊赏亭很相似。

清夏斋在被英法联军焚毁后尚存部分殿宇，同治重修圆明园时，曾计划将清夏斋修复，作为慈安的寝宫，在正南面添建宫门，并将工字大殿中的三间穿堂殿改为东、西廊，但后来因国库枯竭被迫停工。

清夏斋东面的院落就是延寿寺，延寿寺在乾隆时期就已是绮春园内景点，原称双寿寺，嘉庆时改为延寿寺。延寿寺由山门、前殿及后殿三部分组成，山门为三开间南向，门前设有月台，东西建有随墙罩门。山门后为前殿，三开间，外檐悬挂"吉祥云海"匾。前殿东西建有配殿，其中西配殿为穿堂殿，可通向西面的清夏斋。后殿五间，内檐悬挂"妙观察智"匾，殿内供奉观音。后殿以北开有一个小门，门外石匾曰"竹林院"，为嘉庆皇帝御书。

清夏斋和延寿寺在英法联军焚毁圆明三园时都有部分建筑幸存下来，像清夏斋中的悦心园门、值房、延寿寺前殿等，但这些幸存下来的建筑在 1900 年皆毁于战乱。清夏斋寄情咸畅亭内的流杯渠座二十世纪四十年代被人盗走，曾一度废弃在北京大学内，后由圆明园管理处运回，今暂存于西洋楼景区远瀛观东北。清夏斋及延寿寺遗址今为一零一中学，山形水系、建筑地基已不可寻。

含辉楼

含辉楼复原图

—
道光皇帝绮春园射柳图

含辉楼位于清夏斋西南。占地面积5万平方米。

含辉楼在乾隆朝就已属绮春园范围，当时称含辉园，嘉庆六年（1801）庄敬和硕公主下嫁时，曾被嘉庆皇帝赐居于此，嘉庆十六年（1811）庄敬和硕公主病逝，含辉园重新被划入绮春园。

含辉楼为该景区主体建筑，坐北朝南，上下各七间，该楼最早叫联辉楼。此楼起初并未修建在此，而是属于园外西爽村的建筑，为成亲王所建。嘉庆四年（1799）西爽村并入绮春园后，该楼更名为含光楼。嘉庆十六年含晖园重新划入绮春园后，将该楼移至现有位置，更名为含辉楼。

含辉楼后院设东、西配殿各五间，楼前设有月台。此处为嘉庆、道光、咸丰三朝皇帝骑马射箭之处。据史料记载，道光三年（1823）恭慈皇太后移居至绮春园敷

春堂，正月十六日，道光皇帝侍奉皇太后至含辉楼前观灯，并在此赐宴皇子、王公大臣及外藩使臣。事后，道光皇帝还为此特意写诗云："昔日马射沐恩隆，今岁今宵事岂同。疏柳清池仍此地，华灯鼓乐触予衷。"道光、咸丰朝，二位皇帝都曾多次在此陪皇太后、太妃用膳。

在含辉楼西南池中岛上还建有坐北朝南五间敞厅，内檐悬挂嘉庆御书"招凉榭"匾，此处为道、咸二帝陪同太后、太妃赏荷之处。咸丰皇帝曾有《招凉榭观荷》诗，诗曰："虚榭楼南绿影长，森森夏林印方塘。锦云翠盖标清兴，盈沼芙蕖一槛香。"

含辉楼景区四周都建有围墙，西南开有运料门，东门为"环翠门"，南门为城关一座，城关北面石匾为"排青幌"，南面石匾为"护松扉"，皆为嘉庆御书。

1
―
2

1. 现存西交民巷 87 号院内的嘉庆御书"护松扉"原南城关石匾
2. 现存西交民巷 87 号院内的嘉庆御书"排青幌"原南城关石匾

1. 含辉楼南城关遗址现为北京一零一中学校门附近
2. 未毁前的西门运料门

　　含辉楼在咸丰十年（1860）被英法联军焚毁后，尚存有值房五间，南城关未毁。西门运料门在解放初尚保存完好，后毁于"大跃进"时期。南城关嘉庆御书石匾"排青幌""护松扉"在民国年间被人盗走，今存西交民巷 87 号院内。含辉楼遗址处今为一零一中学教学楼，南城关遗址为该校校门附近，建筑基址已难寻。

畅和堂
绿满轩

軒满绿畅

徐志轩位于舍卫
梅雨邻岛上畅和
堂位于徐志轩之又
南岛上畅和堂之
梁满轩起于嘉庆
年间修缮改建而
成故和堂为南向正
殿其后为郡外楼
慈畅和堂东南的为
宁堂殿方后设堂步
岩瑶改多多回
廊陵有东西牡殿
又家殿右主首茶殿
四松瑞花盒西能殿
马鹫堂宇此水阁有
干祥馆軒举举平
务绿西軒春东北阁
世界形眺五月之末
新北楼志绿两軒亭
居东西軒北岩亭
月行柱于四厦亭亭
屏藏殿于相青年后
海堂殿十六会之禾楼院
成屏报报十九卷之半晚欲

畅和堂与绿满轩复原图

绿满轩、畅和堂位于含辉楼以南的两个小岛上。占地面积1.1万平方米。

畅和堂与绿满轩分别建在南北两个小岛上，共有大小房间五十一间，游廊四十八间。

绿满轩位于北岛，建于嘉庆年间。正殿绿满轩殿为转角殿五间。绿满轩东北建有坐北朝南敞厅三间，外檐悬挂"皎镜涵空"匾。绿满轩西北建双连亭，名曰袭矩亭。亭西北有木桥与岸相接，过木桥便可看到含辉楼"排青幌"南城关。

畅和堂位于南岛，建于嘉庆十九年（1814），为坐北朝南两卷悬山式大殿，外檐悬挂嘉庆御书"畅和堂"匾，殿内设有宝座床。

畅和堂东西建有配殿，西配殿为二卷悬山式，外檐悬挂"澄霞宇"匾，殿西设有月台。东配殿为三间单檐悬山顶。

畅和堂正南为宫门三间，宫门外悬挂嘉庆御书"松路花龛"匾，畅和堂与东西配殿及宫门皆有游廊相连接。

在畅和堂宫门西南山石之上建有四方亭一座，名曰森翠亭。

—
畅和堂遗址现状

英法联军焚毁圆明三园后，此二岛尚有袭矩亭、森翠亭及绿满轩等建筑未毁，但到 1900 年皆毁于战乱。
现绿满轩及畅和堂东面水域已恢复，但此处游人较少，探寻时应注意安全。

河神庙　惠济祠

惠济祠复原图

惠济祠与河神庙位于绮春园最西南。

惠济祠建于嘉庆十八年（1813），是嘉庆皇帝命两江总督百龄亲赴苏北清江浦惠济祠，将该祠殿宇及供奉的天后、惠济龙神封号和神像摹绘下来仿建的。嘉庆二十二年（1817）二庙落成后嘉庆皇帝命人自本年起，春秋二季都要前来祭拜，一起祭拜的还有清漪园与静明园内的龙神。

惠济祠与河神庙并排修建在一起，东为惠济祠，西为河神庙。惠济祠正殿为三间，外檐悬嘉庆御书"宅神天沼"匾。殿内有佛龛，供天后神位，牌位上刻有"护国庇民妙灵昭应宏仁普济福佑群生诚感咸孚显神赞顺天后神位"。

河神庙建在惠济祠西面，正殿为三开间，东西建有耳房。正殿中供有三个佛龛，中龛供淮渎神位，左龛供金龙四大王神位，右龛供黄大王神位。

在二庙东北小山之上，还建有面湖敞厅，名曰凌虚亭，是绮春园西南部登高望远的佳处。

1.凌虚亭遗址现状
2.惠济祠遗址现状

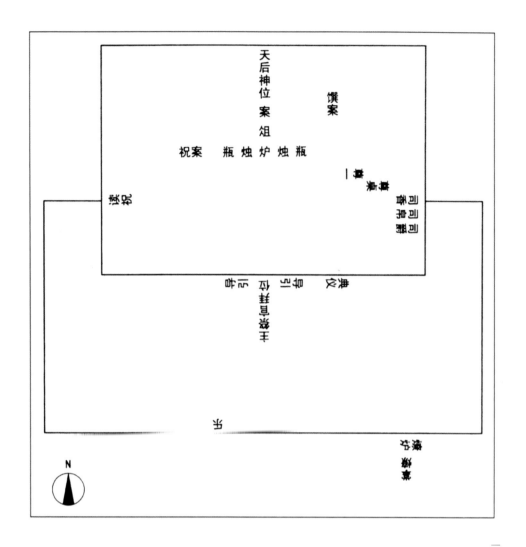

绮春园惠济祠祭祀天后位次及陈设图

咸丰十年（1860）英法联军焚毁圆明三园时，惠济祠与河神庙由于地理位置比较偏远，幸免一劫。此后四十年中，每年春、秋二庙仍供干果祭祀，直到 1900 年二庙毁于战乱，今已无遗址可寻。

澄心堂

澄心堂复原图

〇

澄心堂位于绮春园西路南湖岛上。占地面积1.5万平方米。

澄心堂在乾隆时期就已归入绮春园，最初这里叫竹园。嘉庆中后期进行过大规模修缮。

澄心堂正殿就坐落在岛上偏南的位置，坐北朝南，为两卷五间大殿。澄心堂殿内装修十分豪华，殿内设有宝座床。咸丰皇帝曾多次在此陪同皇太妃用膳。

澄心堂东西各建有套殿七间，俗称西室、东室。西室外檐悬挂"垂虹榭"匾，东室外檐下悬挂"绮旭车"匾。

澄心堂北建有东、西配殿各五间，是库房与值房。

嘉庆、道光及咸丰祖孙三代皇帝对澄心堂都很喜欢。嘉庆皇帝在描写澄心堂诗中云："放棹南湖度水关，书堂四面碧漪环。霞光灿烂辉高宇，鉴影微茫印远山。"嘉、道、咸三代皇帝经常在澄心堂用膳、休息。

澄心堂东北小岛上是三开间敞厅湛清轩。岛的北岸与其隔湖相望，建有坐北朝南五间两卷殿，名曰云漪馆，而澄心堂西南对岸侧是凌虚亭，外檐悬挂嘉庆御书"凌虚亭"匾。

南湖岛现状

澄心堂西北三孔桥残迹

　　澄心堂景区在 1860 年周边破坏并不是很大，东北湛清轩敞厅尚存，北边云漪馆也有部分建筑未被毁，但是 1900 年这些幸存下来的建筑全部毁于战乱。今此景区尚未整理，澄心堂西南对岸侧的凌虚亭所在土山今可辨出。

正觉寺

正觉寺位于绮春园正门西。占地面积1.266万平方米。

正觉寺由三世章嘉·若必多吉主持修建，乾隆三十八年（1773）就已建成，是绮春园中最大的佛寺。正觉寺和东陵隆福寺、西陵永福寺、香山宝谛寺、功德寺等五寺同属满族喇嘛寺庙，寺内喇嘛从地位最高的达喇嘛到最低的德木齐、格斯贵全部是满族人，他们是从包衣和满洲兵丁子嗣内选取的。清政府规定的喇嘛职衔为：扎萨克达喇嘛、副扎萨克达喇嘛、扎萨克喇嘛、达喇嘛、副达喇嘛、苏拉喇嘛、德木齐、格斯贵。其徒众曰格隆、班第。满族喇嘛寺的住持为达喇嘛，位列第四级，地位不高，待遇与太监差不多。这些满族喇嘛庙中，最大最重要的是香山宝谛寺，专设管理宝谛寺事务大臣一职。正觉寺建成后乾隆皇帝就从香山宝谛寺调来喇嘛四十一人，其中首领喇嘛一人，小喇嘛四十人。每月初一、初八、十三日、十五日这些满族喇嘛都要在正觉寺内念经。这里值得一提的是，正觉寺满族喇嘛念的经文是满文的《大藏经》，满文《大藏经》的译刻从乾隆三十八年（1773）开始直至乾隆五十五年（1790）才全部完成，

正觉寺复原图

历时 18 年，是一项浩繁艰巨的文化工程，是满族文化史，乃至整个清代文化史中的大事。乾隆把此视为与修订《四库全书》、完备十全武功一样重大之事业。

正觉寺坐北朝南，有独立的山门通向园外，同时又有后门与绮春园园内相通。正觉寺是圆明三园唯一一组独立通向园外的景区。

正觉寺山门为三开间，门外檐石刻乾隆御书汉、满、藏、蒙四种文字的"正觉寺"匾，正觉寺山门东、西建有旁门一座，此山门只有在正觉寺举行重大活动时才开启，平时僧侣只能从旁门进出。山门内塑有哼哈二将，形象威武凶恶。

进入山门后是天王殿五间，殿中供奉有大肚弥勒佛一尊，殿内东、西两侧是四大天王塑像。

天王殿前东、西建有钟、鼓楼，楼前各立有旗杆一根。

天王殿后为正殿七间，名曰三圣殿。殿前、后有廊，殿后有抱厦三间。殿前有月台。殿内正中塑楠木三世佛雕像，东、西分别列十八罗汉彩塑，后抱厦内塑南海大士一尊。

天王殿与三圣殿东、西分别建有配殿五间，均为喇嘛住房。

三圣殿北建有八方重檐亭一座，外檐悬挂"文殊亭"匾。"文殊"是"文殊师利菩萨"的简称，也称"曼殊师利菩萨"。"文殊"是"妙"之意，"师利"指

"首、德、吉祥"等意思，所以人们也称文殊菩萨为妙首、妙德、妙吉祥菩萨。

文殊亭前有通道与三圣殿相通，亭内有神台，高六尺，为长方形汉白玉须弥座，须弥座上置一木雕文殊菩萨骑狮像，据说按照乾隆皇帝相貌塑造的。狮高一丈四尺，文殊菩萨为楠木雕刻，高三丈。左右立二站像，东为黑狮奴，虬鬓卷发，手持青狮缠绳，传说此人为西洋回族。右为韦陀，身披甲胄，神态威武（也有传说此人为乾隆侍卫白大将军），持棒侍立，二像皆高八尺。

文殊亭后是正觉寺的最后一组建筑，为二层七间的后罩楼，名曰最上楼。曾亲眼见过正觉寺最上楼内佛像的金勋先生在后来的记载中写道："最上楼下层中间供奉五方佛，身分五色，皆像如来佛容颜，正中一尊为黄色，东次间为蓝色，东稍间一尊为绿色，西次间一尊为红色，西稍间一尊为白色。西板墙设罗汉床一，为章嘉呼图克图坐位。西山摆置一排经柜，内藏四体字经文。"五方指东、南、西、北中五个方位，是由佛教的五种智慧所成。最上楼东、西各有五间配殿，为僧侣住房。

$$\frac{1}{2}$$

1. 正觉寺三圣殿旧影
2. 正觉寺西北墙角下的圆明园界碑

1
—
2

1. 正觉寺山门
2. 文殊亭

文殊亭内的文殊菩萨旧影

—
正觉寺文殊亭内陈列的海晏堂十二兽首之一的马首

　　在咸丰十年（1860）和1900庚子事件圆明园两次劫难中，正觉寺都因地处偏僻地区而幸免于难，成为圆明三园中唯一一组保存至今的建筑。正觉寺在民国年间曾为北洋政府代总理颜惠庆的私人别墅，在成为别墅期间，颜惠庆命人拆去佛像，资遣喇嘛。解放后，正觉寺一直为清华大学教职员工宿舍，保存还算完好，"文革"期间，正觉寺被工厂占用，乱拆乱建，被破坏得十分严重。2001年政府将工厂迁出，对正觉寺进行了一期的治理修缮，将山门，三圣殿东、西配殿，文殊亭按原样修复，并对天王殿、最上楼进行了考古挖掘。2003年10月，正觉寺一期工程完工，修缮工程包括山门，文殊亭，三圣殿东、西配殿，西转角房等古建，共计990平方米。2009年12月16日，正觉寺复建保护工程正式开工，投入约3000万元人民币。复建内容包括天王殿、三圣殿、最上楼、六大金刚殿、东转角房、东路辅房、掖门、院门、值房等。2010年10月8日，在圆明园罹难150周年纪念日前夕，正觉寺主体工程完工。2011年7月6日，正觉寺复建保护工程全面竣工，对外试开放。由于在复建期间对正觉寺史料的考证和收集日前有些欠缺，所以导致原本应该是单檐庑殿顶的正觉寺正殿——三圣殿错误地复建成为重檐歇山顶，希望今后有机会可以进行修改，还原正觉寺历史原貌。为了迎接海晏堂十二兽首之一的马首的回归，正觉寺又进行了改造，增加了展览。2020年12月2日，马首回归圆明园并陈列在正觉寺文殊亭内。2023年10月13日，圆明园博物馆在正觉寺正式揭牌。

参考书目

曾昭奋、何重义：《一代名园　圆明园》，北京出版社，1990 年。

常润华：《圆明园兴衰始末》，北京燕山出版社，1998 年。

承德文史资料研究委员会编：《文津阁》(内部发行)，1985 年。

程演生编：《圆明园考》，中华书局，1928 年。

弘历：《清高宗御制诗文集》。

金勋：《成府村志》，海淀区档案馆藏。

李洵，赵德贵，周毓方，薛红主校点：《钦定八旗通志》，吉林文史出版社，2002 年。

刘继文：《圆明园遗址风光》，北京体育大学出版社，2002 年。

刘毅：《明清皇室》，紫禁城出版社，1997 年。

刘占武：《圆明园沧桑记》，北京少年儿童出版社，1991 年。

柳海松编：《爱新觉罗家族全书》，吉林人民出版社，1997 年。

孟兆祯：《避暑山庄园林艺术》，紫禁城出版社，1985 年。

穆景元等编：《圆明园风云录》，辽宁大学出版社，1996 年。

舒牧、申伟：《圆明园资料集》，书目文献出版社，1984 年。

孙建华：《一代名园的兴衰》，四川民族出版社，1987 年。

佟悦、吕霁虹：《清宫皇子》，辽宁大学出版社，1994 年。

王道成：《圆明园——历史·现状·论争》，北京出版社，1999 年。

王佩环：《清宫后妃》，辽宁大学出版社，1994 年。

王舜：《承德名胜大观》，中国戏剧出版社，2002 年。

王威：《圆明园》(北京览胜丛书)，北京出版社，2000 年。

王威：《圆明园》(北京史地丛书)，北京出版社，1980 年。

王威：《圆明园》，北京出版社，1957 年。

魏开肇：《五园三山》，北京出版社，2000年。

吴伯娅：《圆明园史话》，中国大百科全书出版社，2000年。

于敏中：《日下旧闻考》，北京古籍出版社，1985年。

圆明园管理处编：《圆明园百景图志》（内部发行）。

圆明园管理处编：《圆明园的故事》，1998年。

圆明园管理处编：《圆明园园史简介》，1980年。

张宝章：《颐和园圆明园的传说》，河北少年儿童出版社，1985年。

张恩荫、杨来运：《西方人眼中的圆明园》，对外经济贸易大学出版社，2000年。

张恩荫、张宝成：《逝去的仙境：圆明园》，蓝天出版社，2002年。

张恩荫：《三山五园史话》，同心出版社，2003年。

张恩荫：《圆明园变迁史探微》，北京体育学院出版社，1993年。

张恩荫：《圆明园大话兴衰》，紫禁城出版社，1998年。

张复和编：《建筑史》，机械工业出版社，2003年。

张富强：《北海皇城宫苑》，中国旅游出版社，2002年。

昭梿：《啸亭杂录》，中华书局，1982年。

赵玲：《避暑山庄及周围寺庙讲解概要》，地质出版社，2000年。

甄玉金：《圆明园的传说》，中国商业出版社，2004年。

中国第一历史档案馆编：《圆明园》，上海古籍出版社，1991年。

中国圆明园学会编：《圆明园》，中国建筑工业出版社，2007年。

朱诚如编：《清史图典》，紫禁城出版社，2002年。

宗天亮：《浩劫之后的万园之园》，中国大百科全书出版社，1998年。

上架建议：历史文化

湖南人民出版社官方微信　ISBN 978-7-5561-3248-5

扫码了解　更多精彩好书

9 787556 132485 >

定价：358.00 元